U0670726

社群营销
从入门到精通

郭相臣◎著

应急管理出版社
·北京·

图书在版编目（CIP）数据

社群营销从入门到精通／郭相臣著．－－北京：
应急管理出版社，2020
ISBN 978－7－5020－8204－8

Ⅰ.①社… Ⅱ.①郭… Ⅲ.①网络营销 Ⅳ.
①F713.365.2

中国版本图书馆 CIP 数据核字(2020)第 121323 号

社群营销从入门到精通

著　　者	郭相臣	
责任编辑	高红勤	
封面设计	久品轩	

出版发行　应急管理出版社（北京市朝阳区芍药居 35 号　100029）
电　　话　010－84657898（总编室）　010－84657880（读者服务部）
网　　址　www.cciph.com.cn
印　　刷　三河市金泰源印务有限公司
经　　销　全国新华书店

开　　本　710mm×1000mm¹/₁₆　印张　14¹/₂　字数　214 千字
版　　次　2020 年 8 月第 1 版　2020 年 8 月第 1 次印刷
社内编号　20200714　　　　　　定价　45.00 元

版权所有　违者必究

本书如有缺页、倒页、脱页等质量问题,本社负责调换,电话:010－84657880

前　言
Preface

移动互联网时代，社群已经跳脱出时空的界限，向着更加广远的区域发展。没有人可以准确预测它将以何种方式走向哪里。但可以肯定的是，谁掌握了社群，谁就掌握了未来。

如果将社群放到历史之中，其作用和影响是不可估量的。历史的车轮不是某一个伟人所驱动的，而是千千万万人民群众所推动的，我们可以暂且将其称为社群的历史性作用。

当前，社群具有十分强大的影响力，这点毋庸置疑。如果社群没有广泛的影响力，也不会有那么多人去研究社群营销，更不会有那么多企业纷纷设立社群营销岗位和部门。

古斯塔夫·勒庞在《乌合之众》中提到，群体非常容易接受暗示，进而在暗示下展开某些行动。相比于个人在接受暗示时会先思考一番，在群体中的个体很少会去思考，他们更倾向于直接行动。

此外，群体成员之间还很容易"相互传染"。这种传染并不是指称疾病，而是说精神上的、情感上的，或是在身体上的行为或意识。这点很好理解，它指的是在群体中，一个人做了一件好事，另一个人也会跟着一起去做，这种行为会不断"传染"，从而导致出现群体性的行动。

群体具有"容易接受暗示"和"容易受到传染"的特征。正是基于这两种特征，商业市场之中的社群营销才能真正起到作用。以产品型社群为例，社群营销的目标很简单，就是将产品销售给社群成员，同时还要吸引更多外部用户加入社群，成为社群成员。那为什么要以群体为单位进行营销，而不是以单独个体进行营销呢？

只是为了省事吗？当然不是。正如我们上面提到的，因为群体具有"容易接受暗示"和"容易受到传染"的特征，社群营销才能够开展，才有可能成功。社群营销的方式和手段有很多，本书中我们会一一介绍。这些方式和手段其实都可以归结到"暗示"和"传染"上——想调动用户的活跃度，我们可以使用宣传海报进行"暗示"；想要促进用户数量增长，我们可以依靠新用户带动老用户的活动来进行"传染"。

当然，实际运用过程中，社群营销中的方式和手段会更为具体，需要结合不同类型社群的特征，从不同的社群营销目标出发去考量，这些内容在本书中会有详细的介绍。

可以说，正是基于群体"容易接受暗示"和"容易受到传染"的特征，社群营销才会在商业市场中流行起来。很多社群运营者将社群营销单纯看作是一种经济学，或者是营销学上的技巧和理论。实际上，社群营销也会涉及心理学方面的理论知识。正如上面我们提到的一样，很多时候，社群营销所指向或影响的正是社群成员的心理。

现在市场上的社群营销类书籍不少，但大多局限在营销学理论层面上，缺少相应的其他学科知识的外延。本书虽然以社群营销理论为主，但在具体内容介绍中加入了许多社群心理内容的论述，力求更为立体地向读者介绍社群营销知识，以便于更好地帮助社群运营者完成社群运营工作。

本书中研究的社群是从粉丝经济发展而来的、从粉丝群体转化而来的社群。从经济学角度来讲，应该是指社群经济下的社群营销内容。

我们将从社群属性和时代特征谈起，从社群概念、社群营销和社群变现三个角度详细介绍社群运营的相关内容。除了具体的社群营销理论外，书中还介绍了一些典型的社群营销案例，并对不同种类的社群进行了细致讲解。

本书适用于企业营销和新媒体、自媒体运营实践从业工作者，也可供创业者、微商从事者，以及相关专业的学生学习、参考。

鉴于个人能力有限，并不能完全细致地将各个门类的专业知识融会贯通，书中难免出现疏漏或不足之处，希望读者指正。

著者

2020 年 6 月

目 录
Contents

第二部分　营销：玩转社群，一切为了宣传

第三部分 变现：商业变现，实现社群真正价值

第七章 社群团队构建

第八章 社群运营策略

第九章 5G时代的社群变现

•••• 第一部分 ••••

概念：每个人都身处社群之中

▼

第一章　社群无处不在

什么是社群

1987年，英国社会学家彼得·沃斯利第一次提出了社群所包含的三层含义，他认为，社群是地区性的社区，也是有相互关系的网络，更是一种特殊的社会关系。

随着社群的发展，在互联网时代，社群的含义已经大大扩展。凯文·凯利在其著作《必然》中提到："我们的信息过滤器精准度会越来越高，而社群是基于兴趣爱好和共同利益所产生，这使它成为了一个半定制型的信息过滤器，我们从社群中获取有效信息的效率将会非常高。"

凯文·凯利所提到的社群特征，正是社群在互联网时代拥有的关键价值。既然社群中的用户可以从社群中获得有效信息，那么企业就可以通过社群去传播想要传递给用户的信息。因为社群的存在，这种传播往往是非常奏效的。这种变化，也是当代社群价值的一个最好体现。

在小米早期的营销活动中，除饥饿营销外，给人印象最深的就是"米粉"。小米团队刚刚进入手机市场时，所做的主要工作就是满世界泡论坛。最初，他们从各式各样的论坛中，选中了1000个人，经过筛选，从中选出了100名用户，参与到MIUI的设计、研发和反馈中。

这100个人不仅是MIUI操作系统的创造者，同时也是小米粉丝社群的最初用户。此后，正是通过社群营销，小米的"米粉"人数从100变为200，又从200变为400，"米粉"人数在不断增长，小米也在不断壮大。

小米公司正是将社群作为一种营销的工具，充分利用社群价值，在为用户服务的同时，促进了产品的销售和企业的发展。

1.营销工具层面上的社群

从营销工具层面来讲，社群可以说是互联网时代新出现的一种工具。举个最为简单的例子，现今我们所接触到的微信就是一种工具，微信群是社群的一种，但它并不等同于社群。

在当前时代，企业营销离不开社群，每一个企业在发展过程中都会遇到各式各样的困难，如获取新用户成本增加、老用户难以留存、企业营销推广缺乏效果、企业品牌塑造困难等，只有处理好这些问题，企业才能在激烈的市场竞争中脱颖而出，从而更好地发展下去。从互联网角度来看，社群已经逐渐成为企业进行用户管理和产品销售的重要工具。

2.社会学和地理学层面上的社群

从社会学和地理学角度来讲，社群主要是指在某些边界线、地区或领域内发生作用的一切社会关系。它既可以指实际的地理区域发生的社会关系，又可以指抽象的、思想上的关系。在这一层面上，要区分好社区和社群之间的不同。

社区所指的是若干社会群体或者社会组织聚集在某一个领域中，形成的一种在生活上存在相互关联的集体，其最主要特征就是处在一定的地理区域之中。

社群与社区最主要的区别就在于：社区必须要拥有相同的区域，而社群则可以跨区域形成。也就是说，处于不同区域的人可以属于同一个社群，却不能属于同一个社区。社群正是基于这样一种特点，才会成为企业营销的重要工具。

3.人际交往层面上的社群

从人际交往层面来看，社群所维系的是人与人之间的关系，每个社群对用户而言都有特别的归属感。家庭、企业和国家都可以看作是社群。家庭中的每个人在其中都扮演着重要的角色，都有自己的存在感。而在国家中，拥有相同国籍的人也拥有一种归属感。

除了归属感，社群之所以能把不同的人聚集起来，是因为他们拥有相同的价值观。正所谓"道不同，不相为谋"，价值观不同的人，很难聚集在一起。除了价值观外，共同的兴趣、爱好也是形成社群的重要因素。

在我们的生活中，每个人都处于许多不同的社群之中，有些社群在人际交往层面上很容易被我们忽视。以家族社群为例，很少有人会将家族作为一个社群，因为这种以血脉结成的联系是先天形成的，人们往往不会特别注意。

相比于这些先天形成的社群，那些后天出现的、人为构建的社群，更容易得到重视。这种社群往往是个体主动、自觉加入的，他们或因共同价值观、共同爱好加入，或因彼此联系而加入。正因为容易被重视，这些社群才会成为企业营销的主要对象。甚至很多时候，这些社群就是企业所构建的。

4.企业运营层面上的社群

从企业运营层面来看，社群是企业重要的营销工具，其在企业中的作用主要表现为产品测试、客户拓展和品牌传播三个方面。

在产品测试方面，企业在生产完成一件产品后，会选择一些用户先行试用产品，并让用户提出一些建议，这就是产品测试阶段。大多数企业会构建自己的产品测试用户社群，这里面的用户往往是产品的发烧友或对产品研究较深的人。经过产品测试，企业可以知道产品是否适合推向市场，是否能够切中用户痛点。

在客户拓展方面，社群的主要作用是售卖产品，企业会将社群作为产品的销售渠道。事实证明，这也是一种非常高效的销售渠道。

在品牌传播方面，社群之中的品牌效应是非常明显的。社群成员通过长期互动，往往会产生很高的黏性和互信，因此产品品牌传播效应也会更大。

5.客户管理层面上的社群

在客户管理层面上，社群也具有一些明显的作用。一方面企业可以用社群来维护用户关系，另一方面社群也是企业目标用户集中的地方。此外，当企业遇到突发事件或危机事件时，社群也会成为企业危机公关的重要渠道。

维护用户关系是企业客户管理的重要内容。企业不只是要将产品卖给用户，还需要在用户和企业产品之间建立起牢固的联系。企业将用户维护好，让用户重复购买产品，同时通过用户进行口碑营销，不仅能够带来很好的效果，还能节省成本。通过社群进行用户关系维护，能够以低成本获取用户，扩大社群规模。在维护用户关系的同时，企业还可以将目标用户沉淀在社群之中，这也是社群作为用户管理工具的一个重要作用。

在危机公关时，社群就像企业的传声筒，能够将企业的正面信息更快地传播出去。利用社群方式进行企业危机公关，不仅能够让用户第一时间看到企业发出的信息，同时也能让企业更快更好地解决用户提出的问题，为用户提供帮助。

社群的内涵较为复杂。对于个人来讲，社群就是与我们相互连接的社会关系；而对于企业来讲，社群更多的是被作为一种企业营销管理工具。在移动互联网时代，企业的营销管理必须立足于社群，社群运营已经成为企业获得目标用户的重要手段和窗口，不懂社群营销和运营的企业，必然会被市场竞争所淘汰。

社群的特征

说起社群，很多人首先想到的就是微信群，因为现在用微信的人实在太多了。很多人都有好几个微信群，如家人群、同学群、同事群、朋友群等。其实微信只是容纳网络社群的一个载体工具，此外还有很多其他的社群平台。

很多人觉得社群就是"有同样标签的一群人""大家一起做同一件事的一群人""有共同爱好的一群人"等。实则未免偏颇。去同一家饭店吃饭的人是一个社群吗？一起坐同一路公交车的人是一个社群吗？都去一个地方玩儿的人是一个社群吗？

上面的几个群体，虽然有共同的特征，但并不是社群。就像很多人虽然住在同一个小区，但大家每天各忙各的，基本没有什么交流，见面了也不认识，这就不叫社群。但一个偶然的机会，大家通过网络开始结交了，没事聊聊天，有时间大家还相约一起去跑个步、吃个饭什么的，后来居然成为了好朋友，这样才会变成社群。

由此可见，社群是一群有相互关系的人形成的网络，只有人与人之间产生交叉的关系和深入的感情链接，才能被称为社群。关系链接就是打开社群成员之间的关系，让人与人之间相互了解和交流。就像如果两个人是朋友，除知道对方的电话号码，还知道一些其他的联系方式，这样两个人即便离开了同一个群，彼此之间的连接也不会轻易断开。

通过以上的例子，想必你应该清楚什么是社群，什么不是社群了吧。

世界上社群有那么多，它们都有什么样的特征呢？根据对不同社群的研究发现：一个社群应当具备以下7个普遍特征，即共同价值观、共同目标、行为规范、组织结构、内部链接、榜样力量、稳定输出。

1.共同价值观

春秋时期，齐国的贤士淳于髡向齐宣王举荐有才能的人时说："鸟是同一类的聚居在一起，兽也是同一类的走在一起，天下的生物都是同一类的聚在一起。"很多时候，人会因共同的价值观相互吸引而聚在一起。这正如国内以自律为荣的一个女性社群"趁早"在社群活动中所说："为了找到同类，我们创造了一个世界。"

虽然共同价值观看起来有些抽象，但它却能像宪法一样指导和统一社群成员的意识，进而形成一些具体的内容，如社群的logo、音乐、口号、俚语及手势等。

2.共同目标

每个社群都有若干个共同的目标，有大目标也有小目标，有短期目标也有长期目标，社群成员为完成共同的目标而相互帮助与协作。

像十点读书会，其目标就是"用文化给更多人带来温暖和力量"。为了达到这个目标，它在关注每个人阅读量的基础上，还注意提升大家的阅读能力，并通过潜移默化的影响，促进社群成员的进步。在这个社群里，会员每天阅读打卡，每周进行一些话题的探讨，每月组织线下活动，十点进行线上直播，还有作家见面会，该社群就是通过这些方式把有共同目标的读书人联系在了一起。

3.行为规范

一个社群要有自己的行为规范，这样才能清晰地告诉社群成员想要实现社群的共同目标，需要去做哪些事情。比如，007不出局社群，为了能完成七年以后去南极的共同目标，通过"必须输出"的方式，要求社群成员必须每七天写一篇文章，而且每周成员还要进行相互的作业检查，督促社群成员不断提升自己。

当然，社群的行为规范越简单越好。如果难度太高，不容易实现，就会影响社群成员的积极性，可能会让一些社群成员不得不放弃。社群在运营过程中的宗旨是：重过程、轻结果；多鼓励、少批评，要让每一个参与的人都觉得有所收获，都感觉有信心可以坚持下去。

4.组织结构

社群的组织结构决定了社群的存活。很多社群最后走向沉寂，就是因为刚开始成立时没有对社群的组织结构进行合理有效的规划。社群的组织结构包括组成成员、交流平台、加入原则和管理规范。这四项做得越好，社群存活得就越久。

一个社群好比一个小的社会，也会有不同的层级——有社群的发起者或者管理者，有热心的奉献者，有普通的参与者。只有组织清晰、层级细分，社群才能一直活跃下去。像不出局社群，就有践行者、组长、值月生、班长、校长等不同层级的人，并且不同层级肩负不同的责任，行使不同的权力，并且还需要把社群底层的人们不断地向上一级引流，从而形成正向的内部循环，这种驱动可以让社群持续运转和获得复制。

5.内部链接

每个社群里的成员都有平等发言的权利，大家通过社群中的互动和协作，相互认识、相互信任，产生情感链接，并且通过多种方式的内部链接，使整个社群最终达到一个稳定并有活跃度的状态。

6.榜样力量

每个社群都需要有若干个榜样，我们称之为灵魂人物或者KOL（意见领袖），这些人可以是"大咖"也可以是普通大众。像罗辑思维社群中的灵魂人物就是罗振宇，这个社群输出的就是由罗振宇主导的理念和价值观；像去中心化的007不出局社群，主要靠的是社群里普通人的榜样，通过这些志同道合的普通人来传递社群的价值理念，这种榜样会比"大咖"更有说服力。社群里榜样的影响力越大，这个群的号召力也就越强。

7.稳定输出

社群的输出决定了社群的价值。每个社群要有持续稳定的输出，这些输出可以是产品、音频节目、文章、品牌活动等。这些稳定的输出是社群存在的价值，只有有价值的社群才能长久地发展下去。

社群的稳定输出，能够让社群之外的更多人了解社群，从而为社群注入更多的新鲜血液。

在输出过程中需要鼓励社群成员的共同参与，从一个人输出变成一群人输出，从PGC（Professionally-generated Content，专业生产内容）逐步转变成UGC（User-generated Content，用户原创内容），这种输出能够让参与的成员体会到自身价值的提升，并鼓励他们不断成长。

一些社群之所以只开始时很火，但过一段时间后就沦为广告群，就是因为没有输出，从而也就没有存在的价值。不过社群不仅仅是有了输出就行了，还要看输出成果的好坏。好的社群，几乎所有的成员都有不同层次、不同领域的高质量输出，所以能释放出更强大的能量。

例如，拆书帮通过输出很多高质量的读书笔记，从而形成了国内独具特色的读书社群；秋叶PPT社群输出的是高质量的PPT作品，最终形成了国内知名的职场教育品牌。

以上介绍了社群的普遍特征。如果你想创建一个高黏性的社群，就可以从以上几方面着手，提前规划好自己创建社群的目的、规模及方式。

此外，社群也不是人数越多越好。因为一个人数很多的社群，人员相互认识的成本会相对更高，筛选信息的成本也会随之增加。相反地，那些人员少的小社群，大家的话题会相对集中，成员反而容易活跃起来。一般说来，规模越大的社群，越可能沦为为新手提供服务的社群，虽然看起来每天很活跃，但其中有价值的信息太少，这会导致一些高价值的成员默默离开，从而削弱社群的价值。

互联网时代的社群分类

随着移动互联网的普及，人们身边的社群越来越多，它们分别属于哪一类呢？我们可以把目前存在的社群划分为服务型、产品型、教育型、链接型、学习型、兴趣型、价值观型。

虽然这个分类标准不是很客观，但基本把目前所有社群都包含了。不过有的社群内容丰富多彩，其类型也不是绝对的，可能既是产品型，又是教育型，还是学习型。这里所讲的分类，不过是侧重于社群在某一点上变现非常突出而已。

1.服务型

一般情况下，服务型社群的成员都是因为某一明确的目的加入社群的。如果按服务方向不同，又可分为培训营销社群、学习成长社群、行业交流社群、专业服务社群。前两种都具有非常明确的目的性，一般群里很少会闲聊，大家聚在一起主要目的是为了学习和提升，像 S 君做的 Scalers Talk 成长会就不错，大家在社群里可以跟志同道合的小伙伴一起成长；而行业交流社群大多以活动为主，从而打通行业资源；专业服务社群大多以资料、服务为主，这类社群变现的手段基本上就是以收取会员费为主，以活动和产品穿插为辅。

2.产品型

产品型社群以卖产品为主，用内容凝聚客户，以输出高品质的产品和服务来增加客户的黏性。这里要特别说明一下，有不少人有一个严重的社群运营认识误区，以为自己卖什么产品就要做什么样的社群，这些人只是从自己的角度出发，而不是从用户的角度去看问题。就像你要去钓鱼，你是准备自己爱吃的东西做鱼饵，还是准备鱼爱吃的去做鱼饵呢？其实卖家具的也可以建立家具维修保养社群，提供家具的维修保养等服务，用服务来带动产品的销售。

酣客公社是一个白酒粉丝群，里面汇集了中产阶级企业家群体的白酒极客，主要以讨论酒文化和粉丝经济为主，辅以在全国各地举办酣客活动，从而引领企业家回归制造业本质，打造酣客粉丝们的心灵家园。

酣客公社的创始人王为是一个非常有人格魅力的人，当然他也是一个非常爱喝酒的人，他提出了心联网和FFC模式。心联网是一种经济理论，即社群经济；FFC模式就是从工厂（Factory）、粉丝（Fans）到客户（Customer）的模式。

他擅长做内容、乐于分享、喜欢帮助别人，而且他的社群做得非常有仪式感——有自己的代表大会、粉丝会、品酒会等活动。他的社群在每一次品酒过程中都会有一些玩儿酒的方法，非常简单实用。

王为利用这些方法，每年都能卖出一个多亿。

如果想要从零开始筹备运营社群，那么在选择产品时一定要慎重，要从选择那些非标品、复购高、功能强、毛利高的产品开始。想要做到产品品质好、功能独特，需要控制好你的产业链源头，并且保证毛利高，这样才有运作的可能。那些质量没有保障、也没利润的产品，还是赶紧放弃吧。

3. 教育型

教育型社群主要针对的是有教育需求的人。有个叫碳9学社的社群，主要针对的是创业者的成长和社交。大家可以在里面学习到先进的学习方法，彼此可以一起学习、一起辩论、一起分析资料、一起把资料整理好后输出给其他人，这种同伴式的学习在美国非常流行。每一期都会有一些跟创业者相关联的主题被放到群里，大家一起研讨，共同进步。

还有一个叫幸福力妈妈的教育型社群，里面主要是一些高颜值、高学历、高资产的女性聚在一起交流做妈妈后的转折教育。幸福力妈妈主要帮助那些刚变成妻子、妈妈的女性朋友，解决一些她们遇到的新问题，用教育来疏导其在角色转变过程中产生的苦恼。

4.链接型

这类社群比较有影响力的是罗辑思维。其本质是一个新媒体，做的是一种知识电商，为大家提供知识服务。罗辑思维把一些爱学习的人，特别是互联网的精英阶层汇聚到一起，为他们提供有偿的知识服务。

此外，还有像 K 友汇这类扩张人脉的社群，其目的就是做人脉的链接和资源整合。它不在乎群本身有没有回路，有没有转化，只在乎扩张的速度，像 K 友汇现在已经扩散到了世界上几百个地方。

5.学习型

这类社群就是给大家提供一种知识，大家在群里一起学习成长。混沌大学就是一个学习型社群，它是做线上教育的，价格也很亲民，一般 800 元或1000 元可以提供一年的课程。一些培训类的社群其实就是在群里做教育，有点类似于小规模的培训班。

6.兴趣型

兴趣型社群具有更专一的用户。它把一些兴趣爱好相同者汇聚在一起，从而具有强大的情感共鸣。从心理学角度来看，这类社群渴望被尊重、被认可，同时也爱比较，因此这类社群适合举办各种各样的比赛，以此来释放他们的情感需求。

这类社群变现的主要途径是销售与服务混搭、产品和活动结合，发展规划侧重于吸收更多的爱好者加入，然后把这些"小白"培养升级，在升级过程中持续为运营带来不同收益。

7.价值观型

价值观型社群就是利用生活中的个人习惯，聚集一些用户形成一种社群，像趁早、十点读书等社群。这类社群规模庞大，传播正能量。目前这类社群属于主流群体。

通过上面对社群的分类介绍，你准备把自己的社群归于哪一类呢？因为每一类社群的运行方式和变现方法都不同，你要结合自身的优缺点好好思考一下，做事"谋定而后动"，这样成功的概率才会增加。

不要看到别人成功了，就赶紧照搬，适合他人的不一定适合你，因为你们的优势与劣势各不相同，你们的圈子不同，性格也不同，同样的事情不同的人去做，最终导致的结果可能会大相径庭。

社群带来的新经济形态

近年来，随着移动智能设备的全覆盖，宽带和互联网的普及，人们获取信息的渠道、信息的来源和社会群体关系都发生了巨大的改变。信息的传播由原来的中心化传播方式，变成了现在的网格状，那些因为兴趣爱好自由组合形成的一个个小的社群，进而衍生出一种新形态的经济形态，这就是社群经济。

社群经济是指在互联网时代，一群拥有共同兴趣、认知、价值观的用户组合在一起发生群蜂效应，在一起互动、交流、协作、感染，对产品品牌本身产生反哺的价值关系。这种建立在产品与粉丝群体之间的情感信任及价值反哺，共同作用形成的自运转、自循环的范围经济系统，就是社群经济。

社群经济下，产品与用户的关系不再只是单纯功能上的链接，用户开始依附于产品功能之上的东西，诸如口碑、文化、格调、人格魅力等抽象性的东西，从而建立起情感上的无缝信任。

《社群新经济时代》的作者艾瑞克·奎尔曼认为：社群媒体的威力非常强大，可以在一夜之间迅速强化或摧毁品牌或个人形象。人们可以轻松地上网发挥各种群体、运动和商业性的力量，可能一个偶然的事件就能很快发酵起来，让许多企业乃至行业的基本面发生动摇，甚至出现覆灭的情形。人们拥有了在机构之外组建群体并一起行动的能力，这种巨大变化，让未来的社会充满了挑战。

与过去线下流程不同，社群经济是土生土长的互联网新生态，具有传播属性及吸引人的特性，它的形成路径主要有两个：一是社群向经济的延伸。以个人兴趣和社会价值为纽带的社群，通过引进市场机制和利益机制，从而形成了社群经济的平台和机制。像罗辑思维和吴晓波频道等，就是用个人的文化品牌营造社群，并利用这种品牌和价值效应建立起培训、学习等社群，进而输出产品和服务，建构一种新的商业模式。

这种新的商业模式有三个主要意义：

第一，社群能够让消费者从"高速公路"上跑下来，形成一种完美的闭环互动关系，进而重新夺取信息和利益分配的能力。

第二，社群可以大幅降低互动和交易的成本，从而让一些优质内容卖出一个好价钱，同时消费者的支付成本也能降低。

第三，社群内部能够产出独特的共享内容，彻底改变以往产品内容与消费者之间的单向关系，由此消费者也能转变成产出者，从而实现产销共存。

社群经济的另一条形成路径是企业社群的延伸。一些企业利用互联网，在产品销售和生产中，让企业内部不同层次的生产者与消费者形成关联，共同去寻找消费和生产的文化价值，并以这种文化价值为导向，形成相关社群来提升产品质量和实现服务的优化，从而形成了一种新的商业模式。

像蘑菇街、贝壳社、优步等互联网企业都是通过互联网把企业、产品与消费者连接起来，形成网上社群，并以线上互动方式来引导、提升、组合线下的生产、销售和消费，从而形成一个新的生产经营体系。

社群经济从本质上来讲，就是社群成员在社群中建立链接、开展互动，通过互利互惠的方式来创造经济价值。产品和消费者之间的链接并不仅仅局限在功能上，越来越多的消费者将目光聚焦于诸如品牌、文化、格调等精神价值方面，并以此建立起情感上的链接。

当前，社群经济已经成为一种主流的经济模式，消费者的消费行为与社群有着密切的关系。社群经济在主体结构、运行方式和目标设定方面具有以下特点。

1.主体结构，形成生产者与消费者的复合主体

传统企业中，组织是垂直的，上下级分明，作为下级只能被动执行上级的命令。但在社群企业的主体结构中，消费者也身兼生产者、服务者的角色，

而服务者、生产者也具有消费者的视角。在社群企业中，每个层面和环节都与消费者直接关联，进而形成一个平台型、群落型的组织和团队。这个组织要求团队中的每个人都发挥自己的主动性和特殊才能，来完善产品或者服务，从而形成一种具有人格魅力的团队复合特色。

2.运行方式，形成生产过程与消费过程互动的机制

社群经济强调的是去中心化，社群扩大了人们获得信息的能力和参与空间，让个人拥有更大的话语权和更强的行动能力。社群成员可以参与一款产品的创意、设计、包装、生产、传播、销售等各个环节，从而满足了社群成员的心理需求，形成了生产过程与消费过程互动的商业模式。

3.目标设定，形成得到与给予的共享目标

社群既有彼此情感的链接、兴趣的表现、氛围的营造，又有价值、意义的追求和分享。而社群经济把社群的兴趣、价值追求与经济的功用、利益目标相融合，通过情趣、价值与利益的交融，使得社群经济无论在生产过程中，还是在最终产品上，都能让生产者和消费者感受到精神和利益的满足。

社群经济作为一种新的经济形态，具有多种表现形态，并具有以下特征（图1-1）：

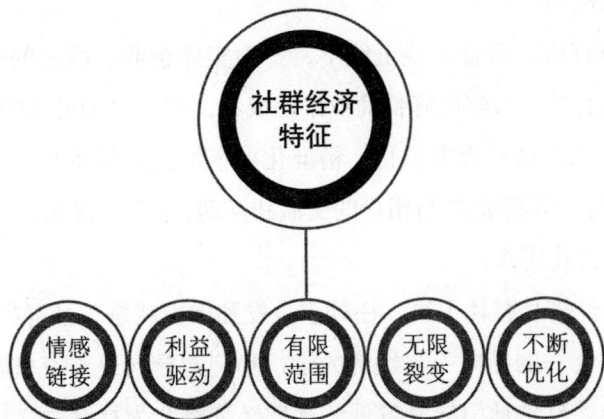

图 1-1 社群经济特征

1.情感链接

社群能让一群有共同价值主张、相同趣味的人建立情感关系。

2.利益驱动

社群想要正常运转，需要社群内大多数个体产出价值，获得收益。

3.有限范围

社群本质上是小范围内的集中连接。

4.无线裂变

社群本身有自生长、自复制能力，在某些细分主题之后，将无线裂变成更多的主题社群。

5.不断优化

运营良好的社群会根据实际发生的情况进行更迭，不断优化，变得更为聚焦。社群经济是对粉丝经济、体验经济的深化和延伸，变单边经济模式为去中心化的多边、无边经营模式，通过紧紧抓住用户的心理体验和情感诉求维系较强的黏性。

社群经济打通、融合了线上线下，并为实体企业、商业的互联网转型创造了空间，这有助于大幅度降低商业渠道成本，创造更为可观的效益。

社群经济让营销实现虚拟化、精准化、本地化和场景化，变消费者的概念为用户的概念，不断促进与用户的交流和互动，引导、优化、迭代自身产品，满足用户的个性化需求。

目前社群经济从整体上讲，还处于自发和散发状态。社群的个人与社会、情趣与价值相统一的导向，与经济的运行和利益导向还未有机融合，如果我们能够主动地、自觉地引导其发展，社群经济将会为社会主义市场经济建设和转变职能带来突破性的价值和意义。

移动互联网时代的社群思维

在互联网时代中，运营者更多强调互联网思维，将互联网作为一种工具。虽说看上去人类是在利用互联网不断发展自己的文明，但实际上，在互联网的影响下，人类的精神世界正在不断萎缩。人类物质世界和精神世界的失衡可以说是互联网时代的一大弊病。

到了移动互联网时代，社群思维应运而生。这种思维方式更多关注人的精神需求和人的价值观。围绕社群思维，可以构建起一套完整的理论和知识体系，相比于互联网思维来说，社群思维才是人类真正应该掌握的生存思维。

相较于中国的理论学者，欧美的理论学家都非常热衷于谈论社群思维这个概念。这是近几年出现的一种学术理论，伴随着移动互联网时代的到来，开始逐步成为一种新的商业议题被广泛讨论。

从最简单的层面上，我们可以将社群思维和用户思维进行比较，或者可以说社群思维也是一种用户思维。这两种思维方式都是围绕人在做文章。只不过相较而言，用户思维要比社群思维更为系统一些。

传统的用户思维是讲企业运营者需要不断挖掘新用户，其获得的用户越多，就越容易创造价值。现代的用户思维则强调在不断挖掘新用户的同时，维护好老用户，防止老用户流失。在企业管理理论中，这是企业客户管理的重要内容。

那这与社群思维又有什么关系呢？简单来说，社群思维就是围绕所有用户去构建一个圈子，或者说这个圈子本来就存在，运营者去到这个圈子中做运营。运营者可以在圈子中开展一些有价值的活动，让圈子中的成员彼此间都形成一种链接，链接的程度越深，这个圈子的价值也就越大。

这个圈子就是一个社群，运营者需要不断提升圈子中成员的链接关系，从生理链接到情感链接，从情感链接再到精神链接。

提到各种链接关系，我们还需要回到社群本身。从社群本身来说，其是基于移动互联网时代人们的一种新的生存方式和生存载体。依托社群，人与人之间产生了许多新的社交关系和链接，社群思维就是在这些关系和链接之上产生的一种结果。

在移动互联网时代，人与人之间的链接关系，简单来说表现为以下三种（图1-2）。

图1-2　移动互联网时代人与人之间的链接关系

1.生理链接

这是移动互联网时代最为基础的一种链接。从陌生人变成相识的人，所依靠的就是这种链接。

2.情感链接

当人与人之间产生沟通后，就会随之产生情感。而当与其他人产生情感关系之后，双方之间的链接也就发生了一些新的变化，由生理链接逐渐上升到了情感链接层面。

3.精神链接

精神链接是指那些拥有相同价值观和人生观的人，这些人在精神上拥有相同的追求，因而会产生精神上的链接。

既然圈子就是社群，那么圈子思维也就是社群思维。在理解了社群思维之后，运营者就可以利用社群思维进行快速高效的传播和营销活动。在移动互联网高速发展的今天，社群思维正被广泛应用于各种营销活动之中。

这种思维模式能够帮助企业减少营销上的成本，获得最大化的商业价值。因此在当今时代，企业运营者一定要具备社群思维，并用这种思维去指导行动。

企业运营者运用社群思维的最主要表现就是打造有效社群，为此，运营者需要做好各个方面的准备。

首先，运营者应该在体验过企业产品或服务的用户中，筛选出一些合适的人，作为最初的社群成员。

其次，运营者需要创造各种条件，来满足社群成员的精神需求。运营者要综合运用多种策略方法，让社群成员参与到社群活动之中，让他们感受到社群温暖。

再次，运营者需要塑造社群的精神内核。不同类型的社群，其精神内核的塑造也会有所不同，可以是一种共同价值观、共同爱好，也可以是社群价值输出。运营者在运营过程中要反复强化社群内核。

最后，运营者在保证社群发展的同时，还需要保障社群成员的切身利益，将整个社群打造成为一个共赢的共同体，这样才能维持社群更长久地发展。

社群思维不仅是一种解决问题的方式，更是一种社群运营的策略方法，它是一种以人们精神需求为出发点，打造共同价值观的集体思维方式。在移动互联网时代，社群思维将会逐步取代互联网思维，成为主流的商业思维模式。

▼
_____

第二章 优质社群带来营销保障

_____

如何搭建一个社群

由乔布斯搭建起来的果粉社群，可以说是最为典型的社群。即使现在乔布斯本人已经永远离开了，果粉社群却依然在不断壮大。很显然，"果粉"并不是由乔布斯的崇拜者所组成的，而是围绕苹果系列产品组成的。

这是不是说，运营者在搭建社群时，都需要围绕产品来构建呢？这种理解存在一定的合理性，但也有很多不足。建构一个社群很简单，申请、拉人、简单操作就可以完成。现在各行各业中的社群多如牛毛，但很多社群都只是在初建的几天比较活跃，随后就会慢慢"死去"，更有一些社群最终沦为广告和传销的聚集地。

事实上，想要构建一个成功的社群并不容易。在构建社群时，如果不掌握一定规律，不遵循一定方法，就很难构建起一个成功的社群。

一般来说，搭建一个成功的社群，需要必备 5 个方面的要素（图 2-1）。

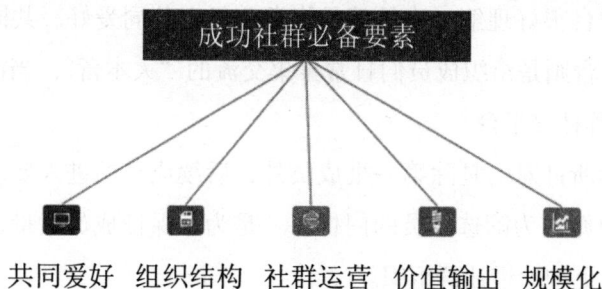

图 2-1　成功社群必备要素

1.共同爱好

这里所说的共同爱好是指对某种事物的共同认可或行为。"果粉"们共同认可的是苹果手机，这是基于产品而形成的一种社群。类似的社群还有"米粉"。

除了基于对产品的共同爱好，还有因其他共同爱好而形成的社群：基于一种行为，如热爱极限运动的爱好者群、热爱读书的阅读交流会、热爱学外语的外语交流群等；基于一种空间，如小区的业主群、健身房的会员群等；基于一种地缘关系，如湖北老乡会、清华校友群、高三年级群等；基于一种标签，如星座交流群、明星应援会等。

有人认为，社群是一群人为了同一个目标，抛弃个性聚集在一起。这种对社群的论断，正是从共同爱好这个因素出发的。

共同爱好是构建社群的起点，也是基础。当然，想要成功构建一个社群，还需要具备其他方面的要素。

2.组织结构

将一群具有共同爱好的人聚在一起，这只能称作是构建起了一个群，而不能叫作社群。如果运营者没有对这个群进行过组织结构上的规划，那么这个群很快就会沉寂，成员的流失速度将会非常快。

组织结构要素也可以理解为社群发展规则的构建。一个完整的社群组织结构，应该包括成员、平台、准入原则、管理规范等。在拥有这些方面的内容后，群才能变成有组织、有规则的社群。

成员和平台很好理解。成员就是指那些具有共同爱好、共同认可某一事物的人。而平台则是组织成员们日常聚集交流的"大本营"，当前较为常见的是QQ、微信等社交平台。

准入原则所针对的是除第一批成员外，后续成员的进入要求。社群之所以要将准入原则作为筛选成员的门槛，一是为了保证成员质量，二是为了让新进入的成员更加珍惜社群组织。

管理规范是每个社群都需要有的，社群成员越多，管理规范就要越细致。如果没有明确的管理规范，很容易让社群沦为广告群，遭到用户屏蔽。管理规范一方面是要制定相应条例制度，另一方面则是设立社群管理员。

从当前的社群组织结构来看，有两种主要的结构形式可以采用，它们分别是金字塔结构和环形结构。

在金字塔结构的社群中，有一个极具影响力的人物，大多数群成员都是追随这位影响力人物而来的。具有影响力的人物会发展一些管理者来管理社群成员。这种结构的社群，常会应用"影响力人物进行定期分享"的运营模式来开展社群活动。

在环形结构的社群中，每个人的身份都会相互影响而发生变化。虽然没有极具影响力的人物，但每个社群中都会有一个或若干个较为活跃的人物。他们在身份上可能会较为多元，既充当思考者，又充当组织者。由于环形结构中的成员身份经常会互换，所以在设置群规时很难做到严格。

3.社群运营

一个社群想要保持活跃，想要长久地存在下去，就要合理地进行运营。

首先，社群运营的首要一点就是设置群规，入群成员需要接受群规，其行为也要接受一定的奖惩。

其次，要让社群众成员各负其责，按规则行事。这就需要做好前面提到的组织架构工作，而在此基础上，社群运营者还需要构建一个完整的社群成员成长体系。

最后，社群运营者还需要随时清理违规成员，定期招募新成员。同时还可以通过组织线上线下活动来增强社群成员的联系，促进社群的活跃。

4.价值输出

如果一个社群没有足够的价值，那么这个社群就会变成一个可有可无的群。对于社群成员来说，如果一个社群无法给他带来任何价值，那么他很可能会选择退群。此外，还有一些社群成员会因为社群缺乏价值，而在群内大肆发布广告信息，破坏社群秩序。

为防止这些情况的发生，社群运营者需要为社群成员提供持续稳定的价值输出，要让社群有价值，这样才能够留住社群成员。以罗辑思维微信公众号为例，罗振宇每天一条60秒语音分享，这就是在做价值输出；而小米的花粉俱乐部中，所有成员都可以成为价值分享者，这种价值输出显然更加高效。

5.规模化

一个社群的核心应该是情感归宿和价值认同，然而社群越大，情感上出现分裂的可能性就越高，这就为运营者制造了一个难题。

社群规模化是每个运营者都需要考虑的问题，想要得出这个问题的答案，需要从社群垂直领域和社群运营成本等多个方面去考虑。是不是有必要扩大社群规模？是不是有能力维护大规模的社群？运营者需要综合考虑这些问题。

构建一个社群，一定要从以上几方面出发，只有具备这些要素，社群运营才有可能成功。

真正的社群运营并不是简单的"搭台子唱戏"，想要把"戏"唱好，需要进行很多准备工作。搭建社群只是第一步，也是社群运营的基础。在搭建社群过程中将这些方面的要素考虑周全，有利于后续社群运营工作的有序开展。

找到社群的内核

构建社群要围绕其内核来进行。不同类型的社群，其内核也会有所不同。社群的内核有哪些？作为运营者应该抓住哪些内核去构建社群？对于运营者来说，这些是必须要搞清楚的问题。

有人认为社群的内核是以内容为代表的价值输出，有人认为社群的内核是共同爱好和需求，还有人认为社群的内核应该是相同的价值观和文化。这些关于社群内核的观点都有各自的道理。正如前面所说，不同类型的社群，需要抓住的内核也有所不同。

社群内核在很多时候与建群目的紧密相连，社群因为建群目的的不同，会表现为不同类型。而这些不同类型的社群，其内核又是各不相同的。下面我们来一一介绍这些不同的社群内核（图 2-2）。

相同的价值观和文化　　　　　　　　　共同爱好和需求

社群的内核

以内容为代表的价值输出

图 2-2　社群的内核

1.相同的价值观和文化

有人认为社群的内核就是社群价值观和社群文化，这也是社群的标签和

象征。一个社群之所以会吸引成员加入，主要就是因为这个社群的价值观和文化两方面因素在起作用。社群之所以能够形成、发展、壮大，就是因为社群成员们都有着共同的价值观和共同的文化内涵。

价值观和文化并不只是抽象意义上的概念。对于运营者来说，在社群内核设计上应该做到虚实结合，一方面要让成员感受到精神层面的满足，另一方面还要在物质层面上让成员得到满足。

仍然以苹果粉丝社群为例。苹果公司的产品一方面会让社群成员感受到产品性能上的满足，另一方面也会让社群成员感到精神上的满足。苹果粉丝社群拥有明确的价值观和文化，那就是乔布斯所追求的极致的艺术美和锐意进取的创新精神。这也是为什么在乔布斯离世之后，苹果的产品依然会受到粉丝追捧的原因。只要社群的价值观和文化不散，社群就不会垮掉。

在这里有一点需要运营者重视的是，在运营这种以价值观和文化为内核的社群时，一定要注意这一内核在精神层面的构建。处于社群之中的价值观和文化不应该是让人高山仰止的哲学思想，而应该是一种更容易让人理解、更容易让人接受的思想和文化内涵。

社群不是宗教，不需要将价值观和文化上升到人生的高度。苹果粉丝社群的内核就设定得很好——不会让人高不可攀，却又需要不断努力才能不至于掉队，这种内核对于树立企业品牌来说是恰如其分的。

2.共同爱好和需求

有人根据社群的定义，认为共同爱好应该成为社群的内核。他们认为，社群就是拥有共同爱好、共同需求的群体通过一定方式聚集在一定空间范围中，并且进行价值交换的群体关系。基于此，共同爱好和需求应该成为社群的内核。

这一论断存在一定的合理性。事实上，兴趣爱好正逐渐成为我们日常生活中社交关系的第一原则，更有人指出"最强的互动并不是发生在好友之间，而是在有同好的人之间"。

当前大多数社群不再以亲友或相识之人为主要对象，社群成员完全突破了年龄和地域的限制。一个社群中更多的是有共同兴趣爱好的人，而不是相互熟识的人，社群正逐渐成为志趣相投人士的组织。

这些具有共同爱好的人可能共同认可某种精神，喜欢某种生活方式，具有共同讨论的话题，能够进行有趣的活动。在社群这个小世界中，他们能够产生共鸣。试想，如果缺少了共同爱好，这些成员还依靠什么来维持社交关系呢？

互联网技术发展到今天，社交关系早已经突破了地缘限制。在互联网上，交流变得简单而方便。这也使得当前人们的社交关系逐渐转向"陌生人社交"，或者说是"半熟社交"。而维持这种"半熟社交"的纽带，就是共同爱好和共同需求。

基于这种现状，认为共同爱好和共同需求是社群内核这一观点，是可以理解的。当然，并不是所有的社群都会依据共同爱好来构建。只不过，以共同爱好为目的构建的社群，自然要以共同爱好作为社群内核，而以其他目的构建起来的社群，就要寻找其他社群内核。

3.以内容为代表的价值输出

社群可以是一群有共同价值观的人聚在一起的集体，也可以是一群有共同爱好的人聚在一起的集体。但归根结底，社群想要做到互通有无，想要长久地运营下去，就需要每个成员在其中都获得价值。从这点上可以说，社群的内核就是贡献价值和提供服务。

在公众号吴晓波频道里，关注用户每天都会收到关于经济和财经方面的推送文章，这些都是吴晓波以自身独到的眼光解读而来的论断。这些内容可能并不能代表准确的经济形势，但对于这个社群中的成员来说，这些内容是有价值的，他们可以通过这个社群了解到一些经济和财经方面的知识。

同样地，推送知识内容的社群还有很多，这些社群的内核就是价值输出。大多数社群的价值输出都会以内容传播为主要形式，所以将以内容为主的价值输出作为一种社群内核，也是可取的。

此外，社群的价值输出还有很多其他形式，但不论是哪种形式的价值输出，都可以作为社群的内核。如果一个社群缺少了价值输出这一环节，它就很难正常运营下去，这时的社群就会像一潭死水一样，毫无生机。

对于运营者来说，寻找到社群内核是十分必要的，这甚至关系到社群运营的成败。社群内核是社群发展壮大的原动力，这种原动力会为社群持续提供能量。在寻找社群内核时，并不是毫无头绪地盲目开展工作，运营者可以从建群目的着手去明确社群内核的定位。

由不同目的构建起来的社群，其内核也会有所不同。了解这一点，有助于运营者更加高效地寻找到社群内核。有时，运营者会遇到在一个社群中群成员既有明显的共同爱好，又有明确的相同价值观和文化的情况，这时就需要运营者从建群目的去做出判断，寻找出究竟哪个才是社群的真正内核。

从这一点来看，在寻找社群内核之前，运营者有必要明确建群的动机和目的。

社群构建的起点

寻找社群内核是社群构建的关键。而在寻找社群内核之前，运营者还需要明确社群构建的动机和目的，这不仅是寻找社群内核的起点，也是整个社群构建的起点。

在寻找社群内核之前，运营者应该首先明确自己构建社群的目的是什么。只有明确了这一点之后，寻找社群内核的工作才会变得有章可循。

明确构建社群的目的，就是明确建群动机，这不仅是寻找社群内核的准备工作，也是社群运营工作开展的必要前提。只有明确了建群目的，才能明确后续整个社群运营规范的设置，才能搭建起完善的社群组织架构。

一个完善的社群，应该能够满足社群成员的价值需求。同时，还需要能给运营者带来一定的回报。这种良好的价值闭环是社群高效运行的重要保障，甚至可以形成一种自运营的社群生态。

构建社群时，最忌讳的就是劲头十足，但思虑不足，还没有想明白构建什么样的社群，就去风风火火地做运营。

有些运营者认为，最初因为经验和阅历不足，很少人会知道自己想要构建怎样的社群，他们往往先去做运营，做推广，在社群形成一定规模之后，再去思考建群动机的问题。殊不知，这种想法是非常错误的。在没有想清楚建群目的前就去进行运营和推广，一旦形成一定的趋向，就很难再去改变。这种时候，运营者就没有办法再去改变社群的基调。

我们可以关注一些自己身边的社群，即使没有社群运营的相关经验，也能够很容易区分出自己身边社群的类型。之所以这些社群能够表现出如此清晰的类型特征，其关键就在于社群运营者在构建社群之前，就确立了一个明确的建群目的，或者说运营者是带着一种强烈动机去构建社群的。

一般来说，较为常见的几种社群构建的目的有以下几种（图 2-3 ）。

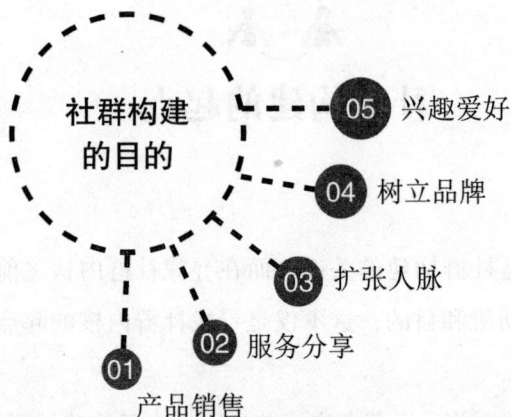

图 2-3　社群构建的目的

1.产品销售

这种建群目的很好理解。运营者成立社群的目的就是为了更好地销售自己的产品。当前比较多的社群，如微商群，就是典型的销售产品的社群。

从社群运营角度来看，微商群是一种并不"高级"的社群，因为它并没有为社群成员创造太多价值。微商更多会在朋友圈或微信群中发布一些特价优惠活动，同时大肆宣传产品功效。但实际上，社群成员也很清楚，产品的价格与产品质量存在一定的相关，如果产品质量与价格反差过大，那么产品定价格出错的概率很小，大多是产品质量存在问题。

相比于微商社群，主播粉丝群在价值创造方面，就要"高级"得多。当前，很多直播平台的主播拥有自己的淘宝店，在分享游戏攻略等内容的同时，他们还会引导粉丝去自己的淘宝店消费。有消费需求的粉丝更倾向于购买自己喜欢的主播的产品，而没有消费需求的粉丝，也会向朋友推荐这些产品。

2.服务分享

围绕主播建立起的社群，产品销售并不是第一目的，毕竟大多数主播没有产品销售的目的。主播粉丝群更多是为社群成员分享内容或是提供服务，通过这些方式来积累粉丝，然后再通过广告等形式实现商业变现。

一些在线教育机构，会通过社群来为成员们提供答疑服务，同时还建有一些在线知识分享的社群。很多企业在进行用户管理时，也会通过建立社群来与用户保持联系，并为用户提供一些咨询服务。

3.扩张人脉

"社群就是人脉"，因此一些运营者会将社群作为扩展人脉的重要途径。不论是兴趣使然，还是出于商业考虑，每一个职场人士都会在不同的社群中扩展自己的人脉关系。

对于运营者来说，以扩张人脉为目的的社群，在构建时一定要明确定位。这种类型的社群很容易失去核心，因为每个人在社群中的需求都是不同的。如果运营者无法让这个社群"转动"起来，那么很容易造成社群结构松散、分裂，最终导致社群解体。运营者可以将相同类型或有相同需求的社群成员放在一起，在社群之下组成一个个更为细分的组织，这样就能有效避免社群结构分散问题的出现，同时也会减轻运营者的运营负担，更好地促进社群规模的扩张。

4.树立品牌

商业市场中这种社群是非常常见的。这种社群的构建者往往是一个企业，或是专业的营销机构，其目的就是为了树立企业形象，宣传企业品牌。

运营者需要将这种社群和单纯售卖产品的社群区分开来。在这种社群之中，运营者与社群成员之间的关系，并不是简单的交易关系，同时还包括交易之外的情感关联。最为典型的例子就是果粉社群。

苹果产品的粉丝社群就是以树立品牌为目的而形成的。苹果公司与粉丝之间的关联并非是简单的交易关系，而是一种包含着情感的复杂关联。如果单纯是交易关系，就不会有粉丝排长队抢购苹果产品，也不会有粉丝熬夜观看苹果发布会了。

　　当然，社群运营者想要与成员之间建立交易关系之外的情感链接并不那么容易，这在很大程度上与品牌积淀有关。一般来说，对用户影响较大、与用户关系较密切、比较容易引起话题的品牌，更适合建立品牌营销社群。

5.兴趣爱好

　　还有一类社群是基于一定的兴趣爱好而形成的，如读书、健身、绘画、写作等。这种社群的主要目的就是吸引更多具有相同爱好的人加入，以此来共同维持兴趣、交流经验。以兴趣爱好为目的构建的社群，大多是环形结构，每个人都可以作为中心人物分享自己的知识和经验，社群成员们可以在一起相互鼓励。较为典型的社群是各种备考类社群。

　　建群目的是运营者必须明确的一个问题，这个问题要放在建群之前解决，而不能放在建群之后。运营者如果还没有一个明确的建群目的，那么最好不要着手去构建社群，以免运营不成功，影响到工作的积极性。

　　在明确建群目的之后，运营者需要根据目的选择合适的平台，并进行其他相应的准备。建群目的直接影响到后续的社群运营工作，很多运营规划都需要从建群目的出发，而且出于不同目的构建的社群，需要用不同的管理方法去规范，在互动方式上也存在很大不同。

　　因此，运营者一定要以建群目的作为社群运营工作的行动准则，围绕建群目的制定运营策略，开展运营工作，只有这样，才能够保证社群运营的效率和效果。

选好平台让社群更有价值

与构建社群一同进行的是选择一个好的社群平台。当前新媒体平台种类很多，但较为流行的、适合社群运营的平台却比较有限。

QQ 平台、微信平台、微博平台、百度贴吧等社群平台，各自存在着不同的优势和劣势。对于运营者来说，在选择社群运营平台时，应该根据建群目的、社群属性、目标群体等因素，来确定选择哪些平台进行社群运营。

拥有丰富社群运营经验的运营者，往往会通过多平台运营，来实现最大化的社群营销效果。多平台运营也是新手运营者需要努力开拓的方向。但对于新手运营者来说，还是建议优先选择单一平台开展社群运营工作。

选择合适的平台能够更好地开展社群运营工作，同时也能最大化社群运营效果。下面我们就来简单介绍一些常见的社群运营平台（图 2-4）。

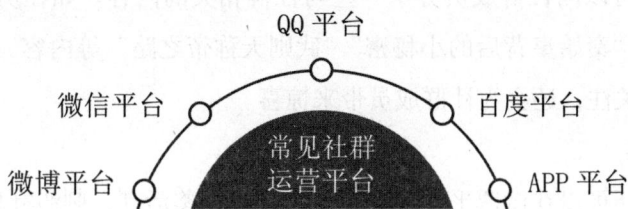

图 2-4　常见的社群运营平台

1.微博平台

微博平台是明星粉丝社群的聚集地。诞生于 2009 年的新浪微博，经过多年发展，到现在已经成为国内人气极高的媒体平台。

微博平台不仅具有社交化、媒体化等特点，还聚集了大量明星、企业和媒体。此外，微博还会实时捕捉社会动态，并将其推送到用户面前，根据热门程度进行排行。"随时随地发现新鲜事"更成为了微博平台的营销口号。

之所以说微博平台是明星粉丝社群的聚集地，是因为这一平台聚集了大量的明星和粉丝。也正因如此，在微博平台上更容易开展社群活动，更便于进行社群运营。运营者可以通过微博官方账号来发布活动，引导用户关注账号后转发活动内容；也可以直接通过微博平台发布大规模活动，这些都是微博平台的固有优势。

除了明星粉丝社群外，微博平台还很适合构建以兴趣爱好为目的的社群。在微博平台上，社群成员可以不受地域限制地与具有相同兴趣爱好的会员进行各类形式的互动。

在微博平台上，最为常见的一种社群运营模式就是与社群成员展开互动。转发是最为基础的一种形式。除转发外，微博平台还拥有很多功能可以用于社群运营，比如下面几种功能。

1）话题

运营者可以设定一个话题，吸引用户去进行讨论。如在自拍社群中发起"#最美自拍角度#"的话题，很容易引起社群成员的讨论，促进社群活跃。

2）分享

运营者可以向社群成员分享一些与社群相关的内容。如在历史研究社群中分享一些"秦始皇背后的小秘密""武则天称帝之路"等内容，不仅会吸引社群成员的关注，还会为社群成员带来惊喜。

3）抽奖

运营者还可以在微博平台上定期发布转发抽奖活动，刺激社群成员参与，为其带去物质方面的奖励。更为主要的是可以通过活动，吸引新的成员加入社群，扩大社群规模。

作为一种社交化平台，微博平台非常有利于社群成员间相互分享信息，同时更容易呈现出裂变式效应。以兴趣爱好为目的结成的社群，可以通过创造UGC内容进行交流互动，在促进彼此沟通的同时，也丰富了微博平台的场景。

2.微信平台

相较于微博平台的社会化和媒体化，微信平台显得更加私密化。微信平台上的内容，只有关注了相应公众号的粉丝才能直接看到。相比于微博的140字内容限制，微信平台可以发布更长的内容。正是基于这些特点，微信平台在社群运营中的作用与微博平台并不相同。

在微信平台上，产品类、内容类和好友类社群较为常见。产品类和内容类的社群很好理解。所谓好友类社群，其实指的就是微信朋友圈社群。

相比于微博平台上社群成员彼此可能并不熟悉的情况，微信平台上的好友类社群中的成员大多是相互认识的好友。这种好友类的社群，一旦社群成员在朋友圈中发布了信息，其他社群成员就会在第一时间看到。

除了以上三种社群外，微信平台上还有餐饮类、服务类、培训类社群，这些社群都依靠微信平台打造出了成功的社群场景和社群文化。微信平台上的社群成员之间的情感链接更为紧密，一些被内容吸引的社群成员会主动转发分享内容，这为运营者提供了很大的便利，也大大激发了社群的活跃度。

3.QQ平台

当前，QQ平台虽然受到微博和微信的影响，但却依然是一个不容忽视的社群运营平台。凭借强大的用户基数、丰富的产品功能和跨平台操作功能，QQ平台依然是主要的社群运营平台之一。

QQ群可以说是最早的一种社群。现在的QQ群具备了群签到、群公告、群视频、群直播等功能，可以满足大多数社群运营的场景，这一点是微博和微信所不具备的。作为一款即时通信软件，QQ平台在话题讨论上要比微博平台的效率更高，社群成员的活跃程度也更高。

几乎所有类型的社群，都可以利用QQ群来进行运营，这是QQ平台做社群运营的核心优势。举例来说，一些培训类社群可以用QQ群中的群视频功能，实现视频授课的目的；知识类社群则可以利用群文件和群论坛等功能来进行知识分享和讨论；地域类社群可以通过群活动功能开展线上线下活动；兴趣类社群则可以通过群公告来发布社群规范和活动安排。

而那些想要扩大社群规模的运营者，也可以通过 QQ 群中的分享群功能，将社群分享给更多人。此外，管理员权限设置、活跃等级等功能还可以让社群更具层次性，让其组织架构更加完善。

从当前 QQ 群发展趋势我们不难发现，腾讯公司正有意对 QQ 群进行升级改造，力图将其打造为重要的社群运营平台。因此，无论是运营哪种类型的社群，运营者都不能忽视 QQ 平台的作用。

4.百度平台

百度平台并不是单一平台，其包括百度贴吧、百度知道、百度经验等众多平台。

百度贴吧可以说是百度最具社群属性的平台。作为网络热词的诞生地，百度贴吧涵盖生活、教育、游戏、体育、明星、企业、娱乐等方方面面的内容。百度贴吧中最多见的是以兴趣爱好为中心的社群，各种兴趣爱好的人都能在贴吧上找到适合自己的社群。

在百度贴吧中，每位吧主就是社群的运营者，整个吧务团队则是社群的运营团队。在依托贴吧建立起来的社群，管理者必须要做好管理工作，适当开展吧内活动，要让贴吧处于高频次的活跃状态中。

依托百度平台建立的社群，会享受到百度搜索的"特殊照顾"。在用户进行关键词搜索时，相关内容因具有极高的搜索排名优化，便会出现在首页中。因此，如果运营者想要扩大社群规模，在百度平台上进行社群运营时，就要综合利用多种百度产品，这样才能最大限度扩大社群的曝光度。

5.APP平台

相比于微博、微信、QQ 和百度，APP 平台是移动互联网时代的全新产物。在移动互联网时代，如果运营者专注于移动端社群构建的话，APP 平台会是一个非常好的选择。借助 APP 平台构建社群，同样能够取得良好的运营效果。

知识分享类社群非常适合在 APP 平台上构建，较为典型的有知乎 APP 和得到 APP。如果品牌想要通过 APP 平台创建知识类社群，首先需要培养出自身的意见领袖，且意见领袖需要能在某一领域对用户的问题做出回答。一旦意见领袖在平台上具有了影响力，就会逐渐积累粉丝，从而形成社群组织。

除了知识分享类社群，一些兴趣类社群也可以通过 APP 平台来构建。比如在一些直播平台上，很多主播都积累了大量的粉丝群，他们通过视频直播与社群成员建立联系，回答社群成员的问题，分享自己的经验和知识。从当前发展形势来看，未来个人社群的发展很大程度会依赖于视频直播平台。

不同的社群平台具有不同的特点，因此在构建社群时，要在考虑自身社群属性的同时，结合平台特点，才能顺利构建起社群，并更好地运营下去。一些运营者只知道选择流量大的平台，但构建起社群之后却迟迟无法扩大规模，就是因为没有选对平台。

很多时候，平台选择影响着社群的最终价值，因此为社群选择最为合适的平台至关重要。

选对工具让运营更高效

高效的社群运营需要借助于完善的运营策略和技巧，同时也离不开社群运营工具的帮助。利用社群运营工具，可以让原本复杂的社群运营工作变得条理清晰，更可以大大简化社群运营各环节的工作。

下面就来简单介绍一些社群运营中常见的运营工具（图2-5）。

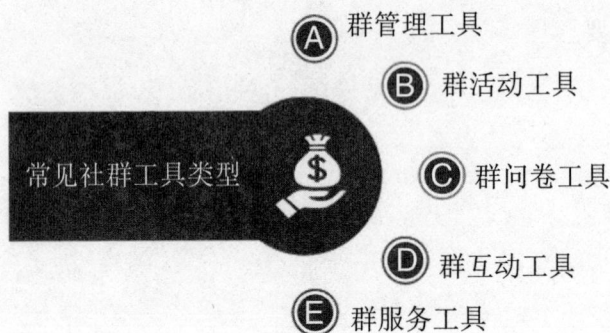

A 群管理工具

B 群活动工具

常见社群工具类型

C 群问卷工具

D 群互动工具

E 群服务工具

图2-5 常见社群运营工具

1.群管理工具——小U管家

小U管家是针对社群运营中的企业运营者所量身定制的一款智能高效的社群管理工具。这款管理工具可以通过在微信社群中添加小助手，同时搭载PC端管理后台，实现快速、批量化的社群管理。

小U管家具有群聊管理、素材管理、群数据统计、入群欢迎语、关键词设置和定时提醒等功能。

　　群聊管理主要包括开通群、群消息管理、群分组三个部分的功能，使用起来方便快捷；而素材管理可以帮助运营者建立一个后台素材库，运营者可以将图片、语音、链接等素材上传至素材库，方便随时调取使用。入群欢迎语、关键词设置和定时提醒功能需要运营者在后台设置，设置好后会在特定条件下在社群中进行推送；群数据统计功能则可以帮助运营者分析群数据信息，包括进群人数、退群人数、群成员发言次数等。

2.群活动工具——活动行

　　活动行是一个活动报名和售票平台，运营者可以在活动行网站上发布自己的活动。发布活动之后，还可以在网站上进行活动推广、名单管理和活动分析。

　　在活动行上发布的活动，其相关信息和报名资料依然掌握在运营者手中，运营者可以根据实际需求添加互动内容、设计活动页面、建立活动小站、收集活动报表，或是进行在线收款等操作。

　　通过活动行平台，社群运营者可以实现从活动发布、接受报名，到电子票务和名单管理等全流程管理。这可以大大简化社群运营者活动的准备工作，同时还可以对社群活动进行科学管理，及时掌握社群活动数据。

3.群问卷工具——问卷星

　　问卷星可以用于问卷调查、测评和投票。运营者可以借助问卷星强大的功能，进行个性化在线问卷设计、采集数据、自定义报表、分析调查结果等操作。此外，问卷星也可以用于群投票和群调查。相比于传统的调查方式，互联网问卷调查更加便捷易用，成本也更低。

　　一些企业社群常使用问卷星进行客户满意度调查、市场调查、人才测评和培训管理。兴趣类社群则会使用到在线报名、在线投票、信息采集和趣味测试等功能。问卷星在使用时，可以分为在线设计问卷、设置问卷属性、发送问卷、查看调查结果、创建自定义报表、下载调查数据几个步骤。

　　其中，在自定义报表中运营者可以设置一系列筛选条件，同时还可以根据答案做出交叉分析和分类统计。在调查完成后，运营者可以将统计图表下载下来，以 Word 形式保存，或者将原始数据下载到 Excel 中。

4.群互动工具——一起学堂

一起学堂是一个综合性的社群微课服务平台，拥有多群转播、直播间和微信工具箱等多种社群产品。学习类和知识类社群可以通过一起学堂来实现精准用户管理和传播的目的，并可以借此来实现商业变现。

多群转播大多基于微信群，主要是通过技术手段实现多群语音转播功能。简单来说，就是运营者如果需要在众多微信社群中讲授课程，使用一起学堂后就只需要在一个群讲课，然后通过这种多群转播工具，便可以实现多群同步转播运营者的语音、图片和文字内容到其他微信群。

樊登读书会曾在2018年4月11日通过一起学堂进行了微信多群直播活动，8000 个社群，超过 138 万名社群成员同时在线聆听了樊登老师讲书。

在同步转播之外，运营者还可以将自己的课程内容转播到其他社群，同时收取一定的费用，这也是知识类、学习类社群实现价值变现的一种途径。如果运营者的内容够优质，内容传播的范围就会更广泛。

5.群服务工具——进群宝

进群宝是一款社群裂变、用户拉新的工具，同时也可用于社群管理。其拉新原理在于利用优质内容或福利，以带活码的海报作为传播媒介，促使用户进行转发，打通用户身边的关系网，从而达到老用户带进新用户的目的。

普通二维码直接对文字、网址、电话等信息进行编码，不支持存储图片和文件，其优点在于不必联网也能进行扫描，但由于生成的二维码图案复杂，所以不容易识别，并且生成的内容没办法改变。

活码二维码则是对一个分配的短网址进行编码，在保证二维码图案不变的基础上，生成的内容可以随时改变，不仅扫图简单，扫描方便，还可以存储大量文字、图片和视音频内容。

在使用进群宝时，运营者可以根据社群实际情况，设置相应的活动福利。所有的活动内容和活动福利都需要体现在一张海报上，可以说一张海报就决定了一次活动的裂变效果。海报文案是海报的点睛之笔，在很大程度上也决定着活动的裂变效果。

在完成海报制作后，运营者需要选择一切可以利用的渠道将海报推广出去。在这个环节中，选择一个合适的发布时间是很重要的。在整个社群裂变过程中，运营者可以借助进群宝对社群进行有效管理，包括将小规模社群合并成大规模社群、防止社群被广告骚扰、实时监控社群数据信息，这些功能都可以通过进群宝来完成。

社群运营是一项复杂的运营工作，选择合适的运营工具能够让运营工作效率倍增。对于运营者来说，在建群之前，社群运营的工作便已经开始了，越早接触到功能齐全的社群运营工具，越能够减少运营过程中的工作量。

当然，工具只是一种辅助，社群运营的成败，很大程度上还取决于运营者是否有完善的社群营销策略。从起点到终点，运营者需要在社群运营的道路上走很长时间。如果能够清楚地明白在不同时间节点上应该做出何种举动，运营者就能更快接近社群运营成功的终点。

引爆社群的"裂变法则"

对于运营者来说，构建社群就已经历了"千辛万苦"，发展壮大社群根本更是想都不敢想的事情。其实，正如那句古话说的"万事开头难"，经历了开头的艰难，后续的工作就不会那么困难了。社群运营正是如此，前期的定位、构建需要谨慎、认真，但只要做足了前期的工作，中后期的工作就会轻松许多。

当然，这并不是说构建起社群之后，后面的工作就没有困难了。社群运营的困难有很多，但只要掌握了正确的方法和技巧，就会做得很轻松。

对于新手运营者来说，在成功构建社群之后，想要玩转社群，首先需要了解一下让社群可以实现裂变发展的"裂变法则"。

在传统营销理论中，有 4P 和 4C 的说法。4P 是指产品（Product）、价格（Price）、渠道（Place）和促销（Promotion）四个因素；而 4C 则是指消费者（Customer）、成本（Cost）、便利（Convenience）和沟通（Communication）四个因素。社群运营中的"裂变法则"正是由此而来，其也包括四个要素，分别是场景、社群、内容和链接。

社群"裂变法则"，是指在合适的场景下，针对特定社群，利用具有影响力的话题内容，通过人与人之间链接的裂变来实现快速传播，并且获得商业价值。社群"裂变法则"搭建了一个框架，做好这个框架四个因素的运营工作，就能做到引爆社群，实现裂变式发展的目的。

下面我们来依次说说"裂变法则"中的四个要素（图 2-6）。

1. 场景

社群运营中谈到的场景与传统营销理论中的销售渠道有着明显的区别，

社群运营中的场景是传播环境与相关因素的综合，其中包括人、地点、时间等多种因素。在场景中，时间、地点和接触点、需求与情绪，是运营者需要关注的重点要素。

图 2-6 "裂变法则"四要素

通过对场景的分析，可以发现社群成员需求最为集中的时间和地点，抓住社群成员最容易接受营销信息的机会，去进行有效沟通。在进行场景分析时，要充分考虑环境和情绪的因素，要学会因地制宜。只有抓住了场景，才能更好地进行有效传播。

2.社群

这里的社群就是指我们一直在介绍的社群，可以理解为一群有共同爱好、共同需求的人聚集在一起的部落。伴随着互联网技术的不断发展，移动互联网时代的社群获得了蓬勃发展，其迸发出来的商业价值，更是吸引了许多运营者加入其中。

社群具有商业价值，这是显而易见的。大多数社群运营者都是在追求社群的商业变现。关于社群的估值，行业内有个公式，即估值 $=K \times N^2$。

其中，K 所表示的是社群的质量、用户黏性、购买力等因素，而 N 则是指用户数。K 的数值可以通过提高服务质量来提升，而 N 的数值则需要通过扩大社群规模的方式来提升。这里有一个显见的关联，那就是当社群服务质量提高时，用户数量也会同时增长。而当社群的服务质量降低时，用户数量就会不断减少。因此，想要打造一个成功的社群，关键是要能够不断提升 K 的数值。

在前面的章节中，我们提到过构建一个成功的社群需要具备五个方面的要素，这五个方面的要素，能够指导我们更好地运营社群。

3.内容

一个社群是否有令社群成员满意的优质内容，成为了决定社群是否能够裂变发展的关键。内容的范畴很广泛，从狭义角度来看，内容只是图片、文字、音频、视频等信息；而从广义角度来看，产品也是一种内容，服务同样可以算作是内容。

如果社群成员觉得社群内容足够优质，就会引起口碑传播。信息类的内容可以通过大众媒体传播到互联网的各个角落，从而满足用户的不同需要。用户可以通过搜索的方式来获得信息，进而通过信息了解到社群的存在和价值。

提高内容价值成为提高社群价值的一个重要方法。内容作为价值在社群中传播的重要载体，增加内容的价值就是在增加社群的价值。一般来说，运营者可以从三个方面入手来提高内容价值。

第一是不断提高内容的质量；第二是扩大内容传播的渠道；第三则是提升内容的更新频率。相对来说，在这三个方面中，提高内容质量是主要手段，扩大内容渠道和提高更新频率只是辅助手段。

4.链接

在移动互联网时代，人与人之间的信息传播更加高效、准确，社群运营者应该利用人与人之间的链接，由此入手实现社群裂变式发展。

在社群运营过程中，运营者应该关注社群之中的早期成员和创新者，这些社群成员可以成为社群裂变的重要推动力量。小米粉丝社群的壮大就得益于早期的 100 名种子用户，正是这些用户的宣传传播才推动了小米粉丝社群的迅速发展。

利用人与人之间的链接，不仅包括提升社群内成员的链接来促进社群活跃，还包括利用社群成员与外部成员的链接来扩充社群规模。

口碑传播是社群运营的一个重要策略。为此，运营者需要做的工作有很多，其中，挖掘意见领袖就是一项重要而高效的工作。如果运营者本身就是社群中的意见领袖，那么只要持续提升自己的价值，鼓励社群成员对外宣传传播就可以了。但如果运营者并不是社群中的意见领袖，或者社群中还没有出现意见领袖，那么运营者就需要先着手挖掘和培养意见领袖。

社群中的意见领袖一般需要具备一些典型特征：一方面他要足够活跃，能够持续产出专业性内容；另一方面他还需要有意愿承担一些社群任务，帮助社群成员一起提高，具有大局观和集体意识。

运营者如果发现符合这些特征的社群成员，就可以加以培养，与那些小有名气的意见领袖可以建立深度合作，对于那些还没有足够粉丝支持却潜力十足的意见领袖，则给予大力支持，帮助其成长。

在拥有意见领袖之后，进行口碑传播就容易得多了。当然，运营者一定要处理好与意见领袖的关系，如果好不容易培养起来的意见领袖离开社群，那就得不偿失了。

社群"裂变法则"只是从理论层面上指出了社群运营的流程和策略，在具体的实践中，运营者还可能会遇到许多不同的情境。但无论是何种情境，只要认真分析，在"抽丝剥茧"之后，还是会溯源到"裂变法则"。因此，深入研究"裂变法则"对于运营者来说是十分必要的。

•••• 第二部分 ••••

营销：玩转社群，一切为了宣传

第三章　风生水起的社群营销

从营销1.0到营销4.0

对于大多数企业经营者来说，当前的市场环境并不算乐观。流量红利消失、获客成本增加、转化率逐渐走低、同质化竞争严重，这些现状为企业营销制造了不少困难。可以说，继续依靠旧有的营销手段，已经无法为企业发展再提供足够的助力。

在移动互联网时代，威胁企业发展的已经不再是技术性问题，而更多的是营销类问题。企业难以获得新的客户群，也维护不好旧有的客户关系，这是当前企业发展面临的重要问题。

想要通过营销来解决这一问题，我们有必要了解一下当前市场环境下的营销趋势。美国经济学教授菲利普·科特勒将营销划分为以下四个不同阶段（图3-1）。

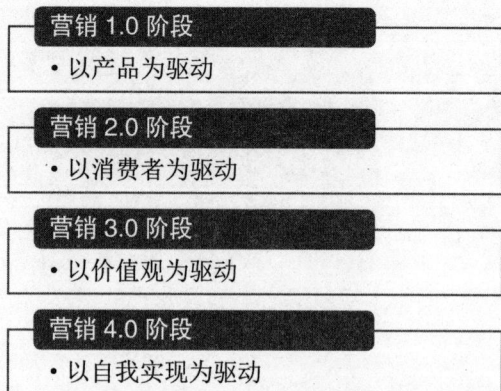

营销 1.0 阶段
· 以产品为驱动

营销 2.0 阶段
· 以消费者为驱动

营销 3.0 阶段
· 以价值观为驱动

营销 4.0 阶段
· 以自我实现为驱动

图 3-1 营销的四个阶段

在营销1.0阶段，主要是以产品为驱动。营销的目的是为了销售产品，营销活动看上去更像是一种说服艺术，营销人员通过自己的表达技巧来说服客户购买产品。

在营销 2.0 阶段，主要是以消费者为驱动。在这一阶段企业不仅需要为消费者提供产品，还需要为消费者提供一定的情感价值。消费者在了解产品中蕴含的情感价值后，会更容易购买产品。

在营销 3.0 阶段，主要是以价值观为驱动。运营者所面对的是具有独立思想和精神内涵的用户。在企业营销活动中，企业的经济活动也与其宣扬的价值观紧密相连，"互动"和"共鸣"成为主要追求。

在营销 4.0 阶段，主要是以自我实现为驱动。在物质过剩的时代，人们的基础需求较为容易得到满足。相对来说，最顶层的"自我实现"需求成为用户的主要诉求，这是运营者需要关注的问题。

结合当前市场营销现状，以及上述四个营销阶段的划分，可以说当前企业营销的重点已经从产品转向对用户的生活方式和价值观的渗透。运营者在关注产品功能升级的同时，还应该寻找到合适的用户和相应价值观。

伴随着移动互联网技术的不断发展，社交软件逐渐普及，企业运营者更容易寻找到拥有共同需求的人，社群营销正是在这样的形势下产生的。

菲利普·科特勒教授认为：在新时代的营销中，运营者需要格外关注企业和用户的关系。企业在营销宣传时，不能再单纯向用户传播信息，而需要更多关注用户的精神世界。企业运营者可以通过内容创新和价值挖掘与用户建立链接，形成一种情感或价值观上的联系。当企业品牌可以成为用户表现自我的方式时，企业营销工作就算取得了成功。

这一点很好理解。大多数企业在做营销时，都会精准定位用户。互联网营销从本质上来讲，就是要用最少的投入，来精准链接目标用户。越来越多的企业运营者已经发现，基于产品功能层面的市场竞争，已经很难分出优劣，必须要为用户创造一些在产品之外的价值，这样才能吸引到更多用户。

在这种需求下，社群营销逐渐成为企业运营者所推崇的一种营销方式。社群营销创造的价值并不仅仅局限在产品功能上，在产品功能之外，它还能为用户带去更多其他价值。

在一个运营者精心打造的社群之中，社群成员可以结识到一群拥有共同爱好和价值观的朋友，相互分享知识和经验。在一个产品型的社群中，企业运营者还可以获得用户对产品提出的期待，以及对服务存在的建议和意见。

谈到营销，大多数人会认为营销就是做销售，就是卖产品，这可以说是对营销的一种最大误解。在社群营销中，卖产品只是一少部分运营者的工作，实际上，即使是那些产品型社群的运营者，也已经抛弃了单纯卖产品的营销理念。大多数企业选择社群营销，主要是为了通过社群来吸引新用户，从而实现价值输出。

中国人民大学商学院教授包政曾说："营销的本质不仅仅是为了实现交易或者实现商品的价值，而是要奠定持续交易的基础，持续深化供应者与需求者一体化的关系。"

什么是持续交易的基础呢？从当前市场发展形势来看，社群成为了唯一选择。运营者只有构建用户社群，并不断扩大用户社群，才能实现持续交易。

2017年9月11日，商务部在所发布的新零售报告《走进零售新时代——深度解读新零售》中提到：传统的零售商与消费者之间，呈现出的是对立博弈的交易关系。而在新零售活动中，零售商和消费者之间的商业关系应该是以信任为基础的供需一体化的社群关系。

社群对于企业营销的作用就在于：它可以通过线上线下的高频互动，将那些与企业并没有任何关系的用户，转化为与企业形成弱关系的用户。同时，也会把那些与企业本就存在弱关系的用户，转化为强关系、强关联的用户。

相比于传统的营销方式，社群营销存在很多先天优势。传统营销的效果是逐级递减的，如果营销宣传被1000个人看到，那么可能会有100个人关注，而到了购买时只会有10个人。

但社群营销则不然，它在营销上会呈现出逐级递增的效果，这与传统营销正好相反。如果一个社群中只有10名成员，通过有效的社群运营，这10名成员就可能每人推荐1个朋友，最后可能10个成员会带来100个新成员，100名新成员又会带来1000名新成员。相比于传统营销，社群营销中的用户大多为目标用户，因此转化率也是很高的。

在社群中形成的交易并不是一次性交易，而是一种持续交易。对于大多数社群运营者来说，社群成员的价值已经不仅仅局限于购买商品方面，更多时候，运营者所看中的是社群成员可能会带来的裂变效应。在每一个社群成员背后，都可能隐藏着一群潜在客户，这是社群运营者真正在乎的价值。

在社群营销中，企业经营者与用户之间的关系也发生了微妙的变化。传统营销中，企业经营者和用户之间即使不是对立存在的，也是存在一种轻微的博弈。而在社群营销中，企业经营者发现，社群中的成员不仅是客户，还可以成为粉丝，甚至成为企业的员工和经营者。

基于这一点，企业经营者在社群营销时代，需要重新考虑与用户之间的关系。也正是出于这种思考，社群营销的运营模式才会逐渐完善起来。

社群营销的运营模式

　　互联网技术的发展，消除了人与人之间的地域距离，让人与人之间的联系更加紧密。借助于互联网，人们可以在社群中找到"知己"。移动互联网技术降低了人与人之间的沟通成本，社群的出现则降低了人与人之间的信任成本。

　　社群开始逐渐成为企业品牌与用户沟通的最短路径。高效率、低成本的社群营销，为企业创造了无限的商业机会和想象空间。社群并不只是聊天与娱乐的工具，它影响着人们的社交生活，颠覆着消费者的商业行为，也改变着企业与消费者之间沟通和互动的模式。

　　对于运营者来说，无论是个人还是企业，在进行社群运营时，选对运营模式都是十分重要的。不同类型、不同领域的运营者所选择的运营模式也不尽相同。下面我们以出版传媒行业为例，介绍几种常见的社群运营模式。

1.垂直类自媒体社群营销

　　这种社群运营模式与出版传媒行业传统经营模式较为相似，只不过在互联网时代借助了互联网和自媒体平台。

　　这种社群一般拥有一个或几个意见领袖，这些意见领袖会从上到下向社群成员传递各种信息。因为在整个社群中，意见领袖在影响力和知识水平方面占有绝对优势，所以这种社群在内容信息的传递上更为单向。

　　在社群运营者或是意见领袖的管理下，整个社群各个环节的分工非常明确，同级别社群成员之间的互动并不多。社群成员的反馈和意见，会通过社群平台传递给各级管理者或社群运营者。

在这类垂直类自媒体社群中,当前较为出名的有罗辑思维、凯叔讲故事等。罗辑思维采用语音脱口秀的形式,侧重于推荐社科类书目;而凯叔讲故事则立足于亲子教育,打造出了全国最大的儿童故事品牌。

这种出版传媒行业的垂直类自媒体社群,一般会选择和出版企业进行合作,其运营模式多已相对成熟。由于此类垂直类自媒体社群的粉丝数量较多,出版企业通过与之合作,不仅能够促进图书销量的增长,而且还可以扩大品牌的知名度。

2.企业自建社群营销

对于企业自建社群,可供选择的平台有很多,社群的构建形式也多种多样。企业自建的社群平台,不同于垂直经营的自媒体社群平台,由于是企业主导构建的,所以企业作为运营者会更多倾听社群成员的意见。

在企业自建社群中,社群成员更多是企业的目标客户。在社群中,这些目标客户是沟通交流的主角,他们相互间的意见表达,将会成为企业运营者调整运营策略的重要信息来源。运营者可以通过社群了解到用户的真实需求,从而能够更为精准地进行产品策划和营销。

如今越来越多的企业将社群营销作为企业营销推广的主要途径,并获得了很好的市场回报。一些出版企业利用自身微信平台开展社群营销,网上商城、微信书店都成为了重要的产品销售渠道。此外,图书编辑还可以通过社群及时了解读者反馈,由此对图书内容进行适当调整和修订。

3.以盈利为目的的大V社群营销

这类社群与垂直类自媒体社群很相似,不同之处在于,此类社群所涉及的范围较为广泛。同样从出版传媒行业来看,以盈利为目的的大V社群有十点读书、慈怀读书会等。

这些大V社群的运营主旨非常明确,内容涉猎也十分广泛,其所推荐的书目种类和主题不会受到垂直类领域的影响,只要是优质内容,就可以分享给社群成员观看。

社群成员可以根据自己的兴趣来选择相关内容，如果对运营者推荐的书目感兴趣，社群成员便可以直接联系运营者购买。其实，这种营销模式就好像是将传统书目放到了网络社群中，让社群成员来选购。

在十点读书社群中，每条内容都会有主播为社群成员诵读。据统计，该社群许多微信内容的阅读量和点击量都超过了 10 万。

与前面两种社群运营模式相比，大 V 社群的广告营销氛围更为强烈，具体的转化率并不容易量化。大多数出版传媒机构会选择与大 V 社群合作，进行新书推广宣传，主要是为了更大范围地增加图书的曝光度。

这三种社群运营模式是当前出版传媒行业常见的社群运营模式。对于出版传媒机构来说，将社群营销外包是一种较为常见的经营模式。这三种社群运营模式并不只适用于出版传媒行业，很多其他行业也都可以应用。

在进行社群运营时，运营者需要首先确定自身的社群运营模式。社群运营模式的确定，除要考虑当前市场环境外，还需要结合运营者自身的实际情况来制定合理的运营模式。有了合理的运营模式，社群的发展才能有条不紊地进行下去。

社群营销的优势分析

在移动互联网时代，人们的生活方式被彻底颠覆，无论是创业者还是互联网用户，每个人都在接受互联网的改变。在当前市场环境中，对于创业者来说，可供选择的创业机会有很多，但创业的难度也在不断增加。

用户流量逐渐被互联网巨头公司所垄断，新入场的创业者想要找到自己的一席之地，就要另辟蹊径，找到一条不寻常的发展道路。在这里，社群运营正是这样一条道路，它可以将产品和用户直接连接起来，更可以为品牌带来更多流量与关注。

当前互联网企业在营销方式的选择上，都在寻求突破和创新。社群营销正是一种全新的营销方式，其正以一种独特的优势改变着企业传统的运营模式。

举一个典型的例子。BMW 中国官方俱乐部，仅用 5 年时间就积累了近 20 万粉丝，覆盖了中国 34 个省、市、自治区，这种巨量的粉丝数量增长在此前是不可想象的。相比于关注宝马汽车的受众，BMW 中国官方俱乐部中的粉丝更为精准，可以说是宝马公司的优质目标客户。BMW 之所以能够聚集如此多的精准客户，主要归功于宝马公司的社群营销。

My BMW Club 成立于 2009 年 4 月，在成立之初，其社群运营的目标就非常明确。当时，宝马方面将社群营销的目标确定为"通过线上线下活动，以及积分商场礼品兑换和持续不断的增值服务，来拉拢宝马车主"。正是基于这种认识，从 2011 年的官方微博建设、手机 APP 开发，到后来的网上商城开发，不断深化的社群营销为宝马公司带来了巨量的精准用户。

还有许多社群营销的成功案例，这里不再一一枚举。综观这些案例，我们可以发现，社群营销作为一种全新的营销方式，在企业营销中发挥了巨大的作用。

从这些成功的社群营销案例中，我们总结出了以下几点社群营销的优势（图3-2）。

图3-2　社群营销的优势

1.低成本、高回报

相比于传统营销方式动辄上千万元的投入，社群营销的成本是非常低的。正是基于这种低成本，如果营销方法得当，是很容易获得高额回报的。就像宝马社群营销一样，能够获得20万精准用户非常不容易，而相比于其营销成本来说，这一回报可以说是足够高额的。

社群营销"可以以低成本获得高回报"的原理非常简单：传统营销者在进行营销时，更多使用的是一对多的方式，让更多消费者了解自己的产品，并促成消费者的购买行为，这是其营销的主要模式。但社群运营者则不同，社群运营者的营销更多会在社群中进行，其造成的影响效果会扩散到社群之外。社群中的每一个成员既是消费者，同时又是传播者。这些社群成员无论是充当消费者，还是充当传播者，都能为社群运营者带来巨大收益。这种收益可能是直接的经济利润，也可能是社群用户数量的增长。

可以看到，相比于传统营销效果主要集中在利润获得上，社群营销的效果显然更为广泛。除了经济利润的获得，运营者还可以获得社群规模的扩张，这一点对于后续社群运营工作的开展将十分有利。

2.精准营销

在信息碎片化时代，精准营销逐渐成为一种高效率的营销方式。在互联网刚刚出现的那几年，信息资源十分匮乏。因而在当时特定条件下，衍生出了"广撒网、多捕鱼"的传统营销方式。

从最初的营销效果来看，由于消费者接收到的干扰信息较少，市场竞争也还不算激烈，使得这种传统营销方式取得了一定的效果，为运营者带来了显著的利润增长。但当互联网发展到今天，消费者能接收到的信息已经呈现出爆炸式增长的趋势，这种传统营销方式的弊端也逐渐显现。

"广撒网、多捕鱼"的传统营销方式所负担的高昂成本，对于大多中小企业来说是难以承受的。在移动互联网时代，想要让用户在众多干扰信息中接收到运营者提供的信息，就需要采取精准营销的方式，在巨头企业的"渔网"缝隙中寻找突破口。

以社群营销为基础的内容创作成为了这个突破口。对于大多数运营者来说，内容创作的成本是可以接受的。而对于用户来说，"干货"和内容质量也成为主要的追求目标。相对于传统营销方式来说，以社群营销为基础的内容创作，更能够打动用户，直击其内心深处的痛点。也就是说，这种营销方式更为精准。

将硬广告转变为软文内容，这是企业运营者进行精准营销的主要方法。软文营销可以在众多用户中找到目标用户，在节省成本的同时，还能为企业带去更多精准用户。

3.口碑传播

无论是传统营销方式，还是当前流行的社群营销方式，打造企业品牌形象都是营销工作的重中之重。品牌信誉对于一个企业的发展至关重要，它不仅能够在短时间内为企业开拓市场，还能帮助企业获得长期发展。

两相比较，社群营销为企业带来的品牌形象和口碑传播效果更为明显。

在社群之中，企业运营者可以通过各种营销方式来获得用户信赖，在与用户建立深厚信任链接之后，用户便会在自觉或不自觉间，去为企业进行品牌传播，这可视作企业口碑传播的原动力。

在社群中更容易塑造企业的品牌形象，这是社群营销的一个重要优势。在互联网时代，用户获得的许多信息都是经过层层筛选的，有的是互联网自身进行的筛选，有的则是熟人进行的筛选。相比于互联网筛选的信息，大多数人更愿意相信熟人筛选的信息。社群营销中的口碑传播正是一种熟人筛选的信息，这也是社群营销能够提升口碑传播效果的一个重要因素。

4.圈层链接

社群营销中有一个有意思的趣谈，大意是说：我不认识马云，但是我最多通过五个朋友就可以认识马云。看上去这似乎是天方夜谭，但在社群营销时代，这种趣谈成为现实的可能性变得越来越大。

其实这种趣谈来源于数学领域的一个理论猜想，这种理论被称为六度空间理论。这种理论指出：我们和任何一个陌生人之间所间隔的人数不会超过六个。这也就是说，我们最多只需要通过五个中间人，就能够认识任何一个陌生人，这种理论又被称为小世界理论。

社群就是一个小世界。与传统营销相比，社群营销更像是一种小世界营销，其所关注的更多是小圈子之中的影响力。从本质上来讲，社群是一种链接，借助互联网技术和平台，这种链接突破了时间和空间的限制，将人与人联系在一起，而这种联系更多是基于一种熟人的联系。

正如小世界理论所述：在社群中，人们更容易与陌生人建立联系。无论是对于企业运营者还是对于社群成员而言，社群都是一个扩展圈层的平台。当然，对于运营者来说，最大限度扩展社群的范围，增加社群核心成员的数量，促进产品销售或品牌塑造，才是企业运营者关注的焦点。

社群营销作为当前较为流行的营销方式，是当前企业营销的重要手段。相比于卖出产品，社群营销更大的作用在于运营好一个社群。运营者应该基于社群主体去卖产品，而不应该为了卖产品而去广泛拉拢社群主体。

当前，大多数具有一定规模的企业，会将社群营销的重点放在企业品牌塑造上，这是一种正确的社群营销观念。随着社群营销规模的扩大，这种品牌塑造诉求将会成为企业运营社群的主要驱动力。

可见，与传统企业营销模式相比，社群营销的优势十分明显。做好了社群营销，产品销售自然是水到渠成的事情。

粉丝经济与社群经济

粉丝经济主要是指在粉丝和被关注者关系之上的一种经营性行为，被关注者主要是明星、偶像或是行业中的名人。

移动互联网时代，粉丝经济的范围不断扩张。当前，很多微博和微信公众号的运营模式也在走粉丝经济的路线——通过确立特定的主题，不断扩大粉丝规模。当粉丝规模达到一定数量后，运营者就可以通过广告等方式实现价值变现。

想要通过粉丝经济获得盈利，首先需要拥有足够多的粉丝，其次还需要粉丝乐于参加运营者的活动，最后运营者还要和粉丝都在同一个平台上。这三方面因素缺一不可，少了哪一个环节，都无法让粉丝营销活动取得预期效果。

从上面这些描述来看，粉丝经济似乎与前面提到的社群经济存在很多相似之处。当然，二者的相似之处确实存在，但二者之间还是存在着较为直观的差异。社群经济主要以社群成员之间的横向交流为纽带，通过创造社群价值的方式获得经济效益；而粉丝经济则主要通过粉丝对品牌主体的向心力，依靠粉丝购买来获得经营性收益。

除了这一直观差异外，粉丝经济与社群经济之间的其他界限并不那么明晰，这也导致了许多营销理论中将粉丝经济和社群经济混淆在一起。优质社群能够依托其品牌力量聚集人气，大多数企业打造的社群，正是通过这种品牌效应来实现社群规模扩张的。粉丝经济也可以为粉丝提供一种类似于社群的归属感，这就导致粉丝经济和社群经济更加难以区分。

对于运营者来说，区分粉丝经济和社群经济是十分有必要的。如果按照粉丝经济的营销方式去运营社群，很可能会无法创造出优质社群。为此，运营者可以从以下几方面对二者进行区分（图3-3）。

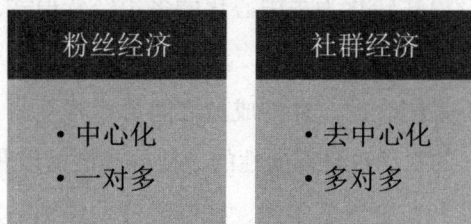

图 3-3　粉丝经济与社群经济的区分

1.粉丝经济存在中心化，而社群经济是去中心化

粉丝经济在最初出现时，主要围绕的是明星等个别意见领袖，这也使得粉丝经济在产生之初就存在中心化，这个中心就是明星、偶像之类的意见领袖。这些意见领袖对外传播信息时，信息的传播力度会自上而下地逐渐递减，信息的真实性也会随着传播范围的扩大而随之改变。

随着互联网技术的发展，人与人之间的信息传播逐渐摆脱中心化而呈现为一种去中心化的零散信息。这些零散信息会在人与人之间呈现出裂变式的传播，到了这个时候，中心已经不存在了。虽说意见领袖依然存在，但其地位和作用却发生了些许改变。在一个社群中，可能存在很多意见领袖，这些意见领袖的"口口相传"会让社群信息传递得更广、更远，社群中并没有层层的级别划分，每个人都可以成为社群中的意见领袖。

2.粉丝经济是一对多，社群经济是多对多

粉丝经济的结构更多是一对多的单边经营模式。简单来说，就是一群粉丝围绕着一个明星，明星会向粉丝输出价值和产品，但粉丝无法反向去向明星输出内容。粉丝经济是依靠一个中心输出内容，并且以此为中心建立信任关系的。

在这个结构中，粉丝和运营者之间的关系是不均衡的，信息的传播也是不对等的。在这种情况下，粉丝经济很容易由于过于单边化，而出现粉丝逐渐走向边缘的现象。

　　社群经济则不同，社群经济的结构是多对多的网状关系。社群经济将粉丝经济中的单边经营模式转化为去中心化的多边经营模式，主要围绕用户心理体验和情感诉求来做运营。

　　而且，社群并不是闭合的，社群成员之间可以相互联系，彼此沟通。运营者和社群成员之间的互动也是双向性的，社群成员可以获得运营者的信息，并对运营者进行观察和监督。基于此，社群经济发展到一定程度，便会自我有序地运作，这是粉丝经济无法达到的。

　　有人将社群经济和粉丝经济的区别比喻成演戏。粉丝经济是明星一个人在台上演，粉丝们都在台下看着；而社群经济则是所有人一起来表演，可能在表演顺序上会有先后，时间上会有长短，但每个人都会参与进来。在粉丝经济这场戏中，如果明星因为个人原因临时无法表演，那么这场戏就演不了了，围观的粉丝就会慢慢散去。这使得一对多的传播方式难以有效调动所有人一同互动，同时还会因为个别原因，导致传播效果大打折扣。

　　如果明星因为一些违法行为，导致无法继续从事演艺事业，那么很多粉丝就会瞬间"粉转黑"。这样，粉丝经济的"大厦"就会瞬间崩塌。这种以单一中心点建立起来的结构，很容易因为中心点缺失而无法维持下去。

　　而社群经济的"大戏"之所以能够演绎下去，是因为每个社群成员都可以进行"表演"，这个人有特殊情况无法"演出"，其他人会接替他的位置。这就是社群结构的多对多，即多点之间的相互连接，即使缺失其中的一个或几个，也并不会导致整个结构瓦解。正是基于此，社群经济才会成为一个自行运转的生态体系。

　　除了自行运转外，社群结构更容易形成相互感染、相互影响的现象。群体中的许多心理学效应，都会在社群中有所体现。"羊群效应"就是其中一种最为常见的群体心理，这种心理会致使群体中的成员盲目跟从。对于运营者来说，利用这种群体心理，可以促进产品的宣传和销售。

　　可见，社群经济和粉丝经济间的区别是显而易见的。但不可否认，社群经济中存在着粉丝经济的影子，这也是许多专家学者认为社群经济是由粉丝经济发展而来的一个重要依据。确实，社群经济在发展初期，的确具有许多粉丝经济的基本特征。

罗辑思维就是一个很典型的例子。在社群运营初期，大多数罗辑思维的会员都是由于对罗振宇的喜爱和信任，才选择关注罗辑思维的。而当罗辑思维推出付费会员时，更是因为对罗振宇的认可，才会有社群成员心甘情愿地"买单"。

但这种现象只是出现在社群经济的初级阶段。当社群经济发展到一定阶段时，其内部成员之间的互动关系必然走向多向化。正是由于这种多向互动的关系，社群才会自我运作、不断更迭，从而进行各种产品和价值的不断产出。

真正的社群应该是一个能够自行运转的生态体系，大多数企业运营者所进行的社群营销，正是为了打造出属于企业自身的生态体系。在这样的社群体系之中，社群成员们很愿意去分享自己获得的信息。由此产生的效果，要远比企业运营者主动进行广告宣传要有效得多。

社群营销的中心化问题

粉丝经济是社群经济的一个阶段，从粉丝经济过渡到社群经济存在一定的必然性。除了粉丝经济外，社群经济还有其他阶段，简单来说，就是中心化阶段和去中心化阶段。

这里所说的中心化和去中心化，并不是时下火热的区块链技术所独有的问题。在社群经济中，也存在着中心化问题。

前面提到，粉丝经济和社群经济的一个最直观的区别就是中心化和去中心化的问题。当前许多社群运营者在做社群营销的过程中，并不注重中心化这个问题，以至于社群营销迟迟取得不了进展。

在这里，我们首先来说社群中心化问题。前面说到，粉丝经济就是一种中心化非常强的社群经济。在明星和粉丝的关系之中，明星就是那个中心。而在企业与消费者的关系之中，中心可以有很多。有的企业会将产品作为社群运营的中心，有的企业会将用户作为社群运营的中心，还有的企业会将品牌作为社群运营的中心。

在粉丝经济向社群经济转变的过程中，中心化趋势会逐渐变弱，当社群经济发展到一定阶段后，去中心化就会出现。随后，社群就会进入到一个自行运转的状态之中。但从当前的社群经济发展现状来看，距离去中心化还有很长一段路要走。

如果是一个小的社群，比如读书会、外语班之类，这种社群实现去中心化是没有问题的。但一个规模较大的社群，从当前社群经济发展现状来看，是很难离开一个中心的。比如樊登读书会中，樊登就是绝对的中心，如果少了这个中心，这个社群也就难以存在下去了，至少从现在来看是如此，其未来是否会呈现出去中心化的特征，我们并不好推论。

从企业运营者的角度来看，上面我们提到了三个方面的中心。从当前市场经济发展的趋势来看，以品牌和用户作为社群运营的中心，是最为正确的经营理念。而单纯以产品为中心的社群运营理念，则很难与社群成员建立紧密的双向链接。

当前大多数社群都是由运营者或运营团队在运营，这种模式可以简单理解成一种中心化的社群运营模式。这种社群运营模式存在一些显著的优势，相比于去中心化运营来说，这种运营更加高效，同时对于社群运营者在细分的垂直领域中塑造形象具有很大帮助。但同时，其运营的弊端也是显而易见的。

这种中心化的运营模式，一方面会对运营者造成较大负担，运营者必须要持续输出优质内容，才能满足社群成员的需要。另一方面，这种运营模式还可能会演变成为一对多的粉丝经济模式，这样社群成员的参与感便会逐渐降低，从而慢慢淡出社群。

一般来说，社群的去中心化运营往往出现在社群的成熟期。在社群初期的传播阶段，是从点向面传播有价值的内容。但如果想要社群真正活跃起来，就需要让社群中的每个人都找到存在感和归属感。想要达到这一点，就需要进行去中心化，让每个社群成员都成为社群的主人。

去中心化的社群运营模式，有利于最大程度发挥社群用户价值，这样才能保证社群的结构更加稳定。想做到这一点，社群运营者需要付出许多努力。

社群结构的调整可以作为去中心化运营的重要步骤。运营者在调整社群结构时，往往会遇到一个问题，那就是：一个社群究竟有多少人才最好管理？这个问题似乎很简单，"当然是人越少越好管理了！"看上去确实如此，但如果一个社群中只有少数几个人，那么这种社群又要如何发挥价值呢？

在这里，社群运营者可以去了解这样一个理论——150定律。

英国牛津大学的人类学家罗宾·邓巴提出的"150 定律"，也就是著名的"邓巴数字"。这一定律指出：根据猿猴的智力和社交网络可以推断出，人类智力将允许人类拥有稳定社交网络的人数是 148 人，四舍五入后可以达到150 人。

比如说，美国 Facebook 内部社会学家卡梅伦·马龙提到"Facebook 社群用户的平均好友是 120 人"；发源于欧洲的农民自发组织赫特兄弟会也有一个不成文的规定，那就是"当聚居人数超过 150 人时，就将它分成两个，再去各自发展"。

很多时候，150 也被认为是我们可以保持社交关系人数的最大值。而在社群管理中，将社群成员的数量控制在 150 人以下，似乎是一个管理社群最佳和最有效的方式。

具体而言，社群运营者可以将社群的最高人数规模限制在 150 人，这是为了确保社群中的每个人之间都可能建立链接。如果一个社群的规模超过了150 人，那么不仅社群运营者会没有过多精力去维持这种庞大的社交关系，社群成员也很难做到每个人之间都建立起联系，这样社群的去中心化运营就会很难成功。

此外，社群成员的层次越高，其成员间的联系就会越紧密。这时，就要进一步缩小核心社群的规模，这样有利于提高核心社群成员的忠诚度。

如果仔细观察你会发现，在现实生活中，三个人之间的关系往往是最为牢固的。在各种朋友圈中，三个人的朋友圈更容易建立深刻的联系。基于此，社群运营者在设置社群成员上限时，可以按照 9 人、12 人、30 人、60 人……150 人，这样的人数规模来安排。

很多人将社群的去中心化运营认为是社群不需要人来管理、社群成员会自行交流。我们说，这种想法存在一定的缺陷。去中心化的社群运营并不是无人管理，准确地说，而应是不需要管理。

一个社群如果无人管理，就会缺少中心、缺少话题，进而逐渐出现惨淡冷清的现象。在去中心化的社群中，并不是没有中心，而是每个社群成员都是中心，每个社群成员都可以制造话题。这样就使得社群成员可以在社群中随意交流，从而形成一种去中心化的社群运营模式。

　　当然，社群运营的去中心化并不是一朝一夕就可以实现的。从当前社群运营的现状来看，大多数社群依然具有明显的中心化特征，这是社群发展的必然阶段。对于运营者来说，距离抵达去中心化的终点，还有很长一段路要走。

社群营销误区分析

移动互联网的发展正在不断变革着人类的生活方式。当今时代，社交已经成为人类生活的主旋律，社交关系上的改变正影响着人类生活的方方面面。

社群中的社交关系也关乎着社群运营的成败。虽然社群营销已经发展了不少年头，但依然有不少运营者对社群营销存在或多或少的误解。这种误解也是造成大多数企业虽大力开展社群营销，却始终无法获得预期效果的一个重要原因。

社群营销因为具有精准、高效、渗透性强等特点，已经成为企业进行市场推广的重要手段。但真正能做好社群营销的企业品牌，却着实不多。

一般来说，企业在社群营销中的常见误区有以下几种（图3-4）。

图 3-4　社群营销的常见误区

1.把社群和微信群、QQ群等同

一提到群这个字眼，大多数人的第一反应是微信群、QQ 群。微信群和QQ 群的确是群，是拥有相同诉求的人聚集到一起而形成的。但如果要说社群，微信群和 QQ 群就不一定全都能算得上是社群了。

关于社群的概念和范围，我们在前面已经介绍得很清楚。很显然，社群不能完全和微信群、QQ 群相等同，其中一个关键点在于社群成员不仅要聚集在一起，还需要彼此间产生交互，输出价值。

大多数人都对社群存有误解，认为拥有同样标签的人就可以组成社群。这样来说，一群爱唱卡拉 OK 的人就是一个社群，一群喜欢吃汉堡的人也是一个社群。显然，这种判断是不正确的。这些人虽然拥有共同的标签，但彼此之间并没有连接点，更没有形成互动，所以没有机会形成社群。

对于社群来说，连接和互动是非常重要的。互联网可以通过技术手段来降低社群成员的链接成本，基于互联网，社群已经突破了地域和空间的限制。

以基于互联网形成的社群来看，社群需要具备共同的目标和纲领。而社群成员之所以会聚集到一起，也是出于共同的爱好或价值观，拥有共同的目标。在这些社群中，微信和 QQ 更多是一种社群形成的必要工具。

2.认为社群经济就是粉丝经济

社群经济与粉丝经济之间存在着本质的区别，这一点我们在前面已进行了详细介绍。社群经济是由粉丝经济发展而来的，在其发展初期，拥有很多粉丝经济的基本特征。正是基于这一点，才会让大多数运营者误认为社群经济就是粉丝经济，进而运用粉丝经济的运营方法去运营社群经济。

真正意义上的社群经济是社群成员之间的多向互动关系，正是这种多向互动关系的存在，社群才会在发展到一定阶段后实现自我运营，从而进行各种产品的生产和价值的输出。因此，社群经济从实质上来说，体现的就是社群自身的生产力和价值增值能力，而粉丝经济在这一方面显然要差很多。

对于企业来说，任何企业品牌都拥有自己的粉丝，但如果将营销仅仅局限在粉丝营销上，企业的品牌和产品的推广就很难走向更广大的市场中。

粉丝经济更多是一种中心化的运营模式，粉丝对品牌的信赖和对产品的购买，更多是出于一种仰慕和崇拜。相比于社群营销对企业品牌和产品的输出，粉丝营销显然差得很远。

虽然在运营初期社群经济会具有一些粉丝经济的基本特征，需要依靠运营者的明星效应来聚集粉丝，但社群经济的核心主要表现在粉丝的数量形成一定规模之后，一种产品生产和价值输出的机制。

3.认为社群就是社区

社群和社区都是由人聚集而成的，成员之间也容易形成连接和互动，但二者同样具有一些明显的区别。

社区更多立足于为成员提供活动的场所，而社群更多强调社群成员之间的关联。简单来说，社区更多表现的是一种具象的地域上的联系，而社群则更多表现为一种抽象的人际关系上的拓展；在活动范围上来看，社群要比社区广泛得多，社群可以存在于现实生活中，也可以存在于虚拟网络中，而社区更多是指现实生活中的社会共同体和社会关系。

再有，社群更强调成员间的群体交流和分工合作，兴趣、爱好和价值观相同是成员聚集在一起的原因，频度较高的交互关系是社群的主要特征。此外，社群内的成员之间拥有一致的行为规范，并通过互动可以形成较为强烈的情感链接，而社区中的成员大多只是偶尔相互碰面，并没有形成一种深层次的情感链接。

同一社区中的成员并不一定属于同一社群，同一社群中的成员也不一定生活在同一社区中。社区可以为社群营造一种共同生活的环境，成员通过交流和互动的加深，可以形成社群。

举一个简单的例子，很多新建小区邻里之间并不熟悉，平时见面也很少说话，但这个小区却形成了一个拥有很多成员的爱宠社群。最初，大家只在平时交流一些养宠物的经验，后来，小区宠物店主建立了一个微信群，许多小区居民加入其中。在不断交流和互动过程中，居民们形成了强烈的情感链接，这就使得原本只是交流养宠经验的社区成员开始交流更多问题。这正是社区逐渐成为社群的一个过程。在这个过程中，情感链接和信任是非常重要的。社群成员彼此间产生信任之后，情感链接也会逐渐加深。

4.认为社群成员越多越好

一些运营者认为，社群成员越多，就越有利于将产品和品牌宣传得更广，殊不知这种观念是错误且愚蠢的。

在前面的章节中，我们提到了罗宾·邓巴的 150 定律，由此可知，社群人数只有保持在一定范围内时，才能获得最大程度的营销效果。

如果一个社群中的成员人数过多，就会出现一定程度的信息过载现象。很多时候，几百号人的社群，并不一定会比几十号人的社群起到的运营效果要好。在人数较多的社群中，很容易出现一小部分人活跃、绝大多数人沉默的现象。因此，社群运营者应该合理控制社群成员的人数规模，根据自身社群定位和实际情况，确定社群的人数。如果社群成员过多，可以分成几个不同规模的小社群进行管理，这样才能取得更好的运营效果。

社群营销是一项系统而复杂的工作，从建群之初到了解社群营销的特征，再到寻找适合自身的社群运营模式，运营者需要经历不少挫折。社群营销过程中的突发事件层出不穷，需要运营者灵活加以应对。为了能够更好地掌控社群营销的方向，运营者需要尽可能避免社群营销过程中的误区和陷阱。

虽说社群营销所要解决的事项比较繁杂，但社群运营者只要抓住社群营销过程中的一些关键环节，就能保证社群营销的正常运转。这些内容，我们将放在后面的章节详细介绍。

▼

第四章　社群营销需要做好基本功

社群营销的"从百到千"

社群运营者在完成社群构建工作后，想要让社群更加高效地运营起来，还有很多工作要做，包括确定目标、构建社群规则、社群价值裂变等，这些都属于社群营销的基本工作，需要社群运营者按流程逐步落实。

一些运营者在建立一个新的社群后，发现社群成员除了在最开始进行了简单介绍和内容分享外，慢慢地就不再相互交流。时间一长，整个社群如死寂一般，除了有一些人会发布广告消息外，社群成员基本就不再互动。之所以会发生这样的现象，就是因为运营者的社群营销工作没有做到位。

每个运营者都希望自己创建的社群拥有高活跃度，社群成员可以在社群中分享知识、联络情感，社群的存在可以为每一个成员创造价值。但为什么大多数社群都因为成员不活跃而逐渐分崩离析了呢？问题多出在运营者的社群营销准备工作上。

社群营销是一项复杂的工作，但并不是无章可循的。无论是何种类型的社群，运营者都可以通过一些共通的方法，让社群在正常的轨道上运营。这一点是社群营销成功的基础，同时也是社群营销工作开展的必备条件。

一般来说，社群营销工作从构建到顺利运转，运营者需要做好以下几方面的工作（图4-1）。

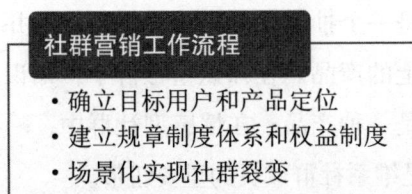

社群营销工作流程

- 确立目标用户和产品定位
- 建立规章制度体系和权益制度
- 场景化实现社群裂变

图 4-1 社群营销工作流程

1.确立目标用户和产品定位

社群运营必须要拥有一个载体，这个载体会成为一个入口，来吸引更多社群成员加入。这里的载体并不仅仅只是一些常见的社群平台，它还可以是产品，可以是内容，也可以是一些精神及价值观方面的东西。

这一载体也是维系社群成员的重要纽带。举例来说，小米和苹果社群营销的载体就是手机，杜蕾斯社群营销的载体则是杜蕾斯的各类产品，当然在很大程度上，杜蕾斯的文案内容也是其社群营销的载体。

在消费升级趋势的带动下，行业市场的经营逻辑已经发生了明显改变，以前是先生产出产品，然后再去进行营销，获得用户。现在经营者可以先获得用户，随后再去生产相应的产品。这种变化，更多表现在社群营销之中。

对于企业来说，产品和用户都是非常重要的。无论是先获得用户，还是先生产产品，只要能够达到最大化经济价值，都是可以接受的。而从当前市场形势来看，越来越多的企业选择通过社群营销的方式先来获得用户，在稳定用户之后，再去对产品进行迭代和升级。

这就涉及社群营销的第一个工作——定位目标用户。哪个运营者能够更快、更精准地定位出目标用户，哪个企业就会获得市场上的先发优势。目标用户定位得越精准，社群营销工作开展得就会越顺利。之所以这样说，是因为在确定了目标用户的特点之后，企业就能更好地通过产品来展开社群营销。

在一个社群中，产品是凝结社群成员关系的媒介，也是解决社群成员需求的关键。运营者可以通过树立共同的标签、价值观，让社群成员快速集结起来。如果缺少将社群成员连接起来的产品，社群就会成为一盘散沙，进而出现本节开篇所提到的现象。

这里所说的产品是一个抽象化的概念，所指代的并不只是产品这个物质实体，而是抽象意义上的产品。在知识型社群中，知识就是一种产品；在服务型社群中，服务就是一种产品；在情感型社群中，一些文章内容或话题就是产品。这些产品都是维系社群成员的重要纽带。

目标用户定位清晰，可以让产品的特征和价值更加明显。在当前时代，单一的产品功能已经无法满足用户的多样化诉求。一个优质的产品，除要能够满足用户的基本需求外，还需要能够带动用户围绕产品展开互动。

优质的产品会为社群成员增加归属感，能够让社群成员主动分享和推荐。很多时候，优质的产品会变成社群成员对外炫耀的资本，以及主动传播的动力。

2. 建立规章制度体系和权益制度

"无规矩不成方圆"，这句话无论放在哪个领域都是正确的。在社群营销中，运营者如果想要让社群成员之间的链接更加稳固、高效，就要改善成员间链接和聚集的机制。简单来说，就是为社群构建一个完善的规章制度体系。

社群成员应该有共同的价值观，同时还需要有完善的社群规范来约束社群成员的行为、划分社群成员的职责。运营者需要通过制度、层级和角色定位等方式，对社群成员进行区分，然后再通过各种权益制度来影响和控制社群成员的行动。

这里所说的权益制度包括激励措施和惩罚措施。奖惩并用的方式可以提高社群成员对权益制度的认同感，同时也能更好地提高社群成员的执行能力。权益制度更为重要的作用是激发社群成员的智慧和创造力。不同于企业组织，社群成员可以单纯依靠利益来驱动，当然，一些精神和价值观方面的激励，也会起到积极的作用。

在具体的权益制度方面，运营者需要把握好两点关键的群体激励因素。首先一点是要有简单而明确的目标，对不同社群成员按照贡献度和影响力划分层级，不同层级的成员在社群中享有不同的权限。其次是要让社群成员都清楚社群的行动规则和权益制度，并且明白自己相应的权益和任务，这样社群成员才能更好地去完成它。

3. 场景化实现社群裂变

社群营销过程中，促成社群裂变是一个不容错过的策略。社群想要发展壮大，就不能离开裂变，而社群想要实现裂变，则需要社群拥有一套完善的运营机制。

很多人认为社群裂变的主导力量来自于社群运营者或社群领袖，但实际上，社群裂变的发生，更多是依赖于核心成员的力量。

实现社群裂变的方式多种多样，但其核心内涵始终是提高社群成员的体验感和参与感。为此，许多社群选择以场景化的方式来实现社群裂变。

当前社群运营的一个明显趋势就是从线上走到线下，通过为社群成员提供线下活动场所，或是发起线下活动的方式，来增强社群的场景化。这种社群场景化运营对于增强社群成员的体验感和参与感具有很大帮助，同时还有助于扩大社群的影响力。

线下活动在很多时候还能增强社群成员的仪式感和归属感，通过一些线下活动，能够强化社群成员的共同价值观，增强社群成员的凝聚力。

社群的场景化运营，在一些宗教活动中体现得非常明显。一些宗教仪式和活动就是在强化宗教成员的共同价值观，同时也能够更好地将宗教的价值观传扬出去。

一个社群从构建到发展壮大，需要历经一段漫长的征程。对于运营者来说，在不同的时期，不同的阶段，做出最正确的选择，无疑会提高社群运营的效率。抓住社群运营过程中的核心工作，能够有效避免社群运营误入歧途。当然，想要真正让社群运营的价值不断扩大，运营者还需要做好其他方面的工作。

社群营销的价值扩大

社群营销并不难做，想要中规中矩地完成社群营销工作，只要把握好一些核心环节就够了。但是如果想要将社群营销的效果放大，让社群营销获得最大化价值，运营者就需要在社群营销过程中多做一些工作。

前面章节中提到的社群营销工作，既是基本的营销准备，又是核心的营销环节，是进行任何社群运营都不可或缺的。而下面所要讲到的内容，是关于社群营销价值扩大的，运营者可以有针对性地根据自身的实际情况进行尝试。

一般来说，除一些核心工作环节外，社群运营过程中还有一些其他的重要工作。做好这些工作，能够提高社群运营的效果，从而最大化社群运营的价值。当前社群运营的那些成功案例，绝大多数都是做好了以下这些工作的典范（图 4-2）。

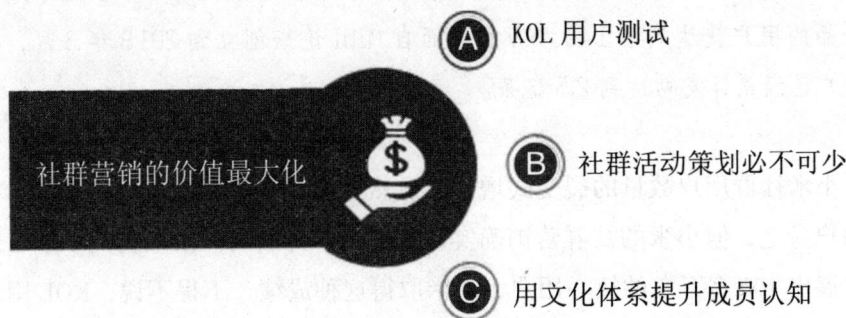

图 4-2　社群营销的价值最大化

1.KOL用户测试

大多数运营者在构建社群之后会立即开始聚集社群成员，而且能招募

1000 个，绝对不会招募 999 个。看上去，越早招募社群成员，招募的人数越多，最终结果会越好。但实际上，采用 KOL 用户测试来聚集社群成员，才是一种高效的聚集社群成员的方式。

"小米的米粉社群从 100 名种子用户起家"，已经成为大多数运营者茶余饭后的谈资。

2010 年时小米手机还没有问世，当时小米公司只是研发出了 MIUI ROM。但从那时起，小米公司便开始了自己的社群营销工作。

小米的工程师们一个论坛一个论坛地寻找爱好刷机的发烧友，并向他们推荐公司研发的这款新 ROM。依靠这种方式，小米获得了 100 名用户，这些用户成为了 MIUI 第一版的首批内测体验者。

看上去 100 名用户的数量有些少，但从价值上来看，这些人甚至可以媲美 1 万名普通用户。这 100 名用户作为手机爱好者和发烧友，可以说是手机领域当之无愧的 KOL。在这 100 名核心用户的见证下，小米手机从无到有。在手机研发过程中，小米从这 100 名用户那里获得了很多宝贵意见。

现在，这 100 名用户被小米公司称为 100 个"梦想赞助者"。那么现在小米的社群用户数量达到了多少呢？2018 年，MIUI 月活跃用户大约有 1.9 亿，而其中的忠实粉丝数量庞大，除了小米电脑和手机外，拥有 5 个以上小米互联产品的用户就达到了 140 多万位。而自 MIUI 论坛创立到 2018 年 3 月，小米用户已经累计发帖达到 2.5 亿条。

小米社群用户数量的裂变式增长，虽然不能完全算在最初的这 100 名核心用户身上，但小米的社群营销确实是从那一步开始的。由最初的 100 名用户发展出 100 多万名的核心用户，小米取得这种成绩，不得不说，KOL 用户测试起到了不小的作用。

不仅是小米社群，大多数产品型社群都会采取 KOL 进行产品测试。在最初，这些 KOL 资源并不容易获得，小米当时寻找 100 名 KOL 也费了不少功夫。到现在，虽然 KOL 资源获取渠道增多，但想要找到与自身社群相匹配的 KOL 依然不那么容易。

在细分领域的社群中，KOL 具有绝对的话语权和影响力，他们会用自己的知识和能力，吸引更多成员加入到社群之中。当然，运营者在招募社群 KOL 时，一定要首先确保 KOL 成员高度认可社群的文化和价值目标，这是 KOL 用户测试的一个最为基础的前提。

2.社群活动策划必不可少

人与人之间的连接需要通过互动来达成，高频率的互动能够增强彼此之间的连接，在社群中则会增强社群成员的归属感。尼古拉斯·克里斯塔基斯在《大连接》中认为，参与能够建立信任，并增加关系的价值。这一点在大多数社群营销实践中都已经得到了证实。

社群营销中，社群活动策划是必不可少的。社群活动能够为社群成员带来互动，大多数社群在线上互动的时间会远高于线下互动的时间。这一方面是由于移动互联网能够提供便利，另一方面也是由于相比于线下活动，线上活动的成本要更低一些。

但从互动效果上来看，线下活动的效果显然要比线上活动要好，至少在增强成员间的信赖感和归属感方面是确切无疑的。

从当前社群营销实践来看，大多数社群在线下活动的策划上，会选择新品发布会，或者是邀请社群成员参观生产。这种方式对于增强社群成员间的交流有一定的作用，但其影响和效果都是有限的，这是由于这种社群活动方式并没有重视社群间用户的交流。

真正的社群活动应该着力于社群用户彼此间的交流，而不应该转移到产品上，或是活动本身上。此外，相比于低频次线下活动，固定的高频次线下活动更能起到好的效果。

据统计，小米公司平均每个月会举办 20 多场同城会、米粉节等种类多样的活动。正是这种高频次的线下活动，确保了小米社群成员的活跃与稳定。

3.用文化体系提升成员共识

在描述小米公司时，雷军曾说："看不懂的人以为我们是手机公司，看懂一点的人以为我们是一家移动互联网公司，其实都不是，我们是一家品牌公司、文化公司。"小米是什么属性的公司，并不是社群运营者需要关注的问题，运营者应该关注的焦点是小米公司在社群运营中加入了什么"偏方"。

小米的"偏方"可能要从苹果公司说起。一个很明显的现象是，乔布斯在世时期的苹果，和不在世时期的苹果，已经变成了两个苹果。虽然苹果公司的标志和业务都没有变，但乔布斯所标榜的一些文化内涵，已经悄悄发生了改变。

这里就需要提到构建社群文化体系的内容。既然是体系，就说明其中包含的内容是较为丰富的。一个社群的文化体系应该包括社群的目标、社群的价值观，以及一些社群没有明示却已经约定俗成的公约。

拥有共同的社群目标和社群价值观，可以增加社群成员间的情感链接，让弱关系变成一种强关系。在社群中，对于社群文化体系的认同，是社群成员间一切关系的开始。拥有了共同的认知后，社群成员才会彼此连接，并且在社群中稳定下来。

大多数产品型社群在构建文化体系时，都会围绕产品来做文章。小米公司所构建的就是一套极客文化体系，并以"为发烧而生"这种文化价值观进行传播。

在社群文化体系确定之后，无论在社群基调还是在对外宣传上，运营者都需要始终坚持社群文化主张不动摇，同时还需要依靠一些仪式化的行动，将这种抽象的文化价值体系确立下来，从而让社群成员产生一种共同认知。

与小米一样的很多宣扬极客文化体系的产品型社群，会在社群中展示各种鉴别方法及产品的各项参数，同时还会与其他竞争对手针对某个指标和参数进行对比，来彰显自身产品的优势特征，这正是社群价值文化体系的作用体现。

社群营销工作需要针对社群运营的实际情况和市场的变化情况随时做出调整，想要扩大社群营销的价值，也并不一定局限于上面提到的一些内容。另外，不同的社群在具体的营销方法上也存在着较大不同。更何况，当前社群营销理论处于不断发展变化中，运营者在进行判断时，更需立足于自身社群。

社群规则的制定

社群营销中，制定简洁明确的社群运营规则是十分必要的。以线上社群来说，社群规则主要能起到提高社群成员活跃度和防止广告内容刷屏的作用。在移动端，活跃度较高的社群，常常会为用户带来严重的刷屏感，让使用手机的用户感到体验感下降。如果一个社群里面有几百、几千人的话，若没有一个良好的社群规则，就很容易让社群失去控制。

当然，如果社群规则制定得过于严格，也会影响到社群成员的参与度，从而导致社群活跃度降低。甚至于一些用户还会因为群规太严，而不再关注或退出社群。

因此，社群规则的制定，需要在用户体验感和用户活跃度之间找到平衡。而最为有效的一个方式，就是将社群的规则与社群自身定位相结合，并且先在小范围内尝试社群规则，随后再根据社群成员的意见，对社群规则进行调整和修正，进而再全面推行开来。

那么，究竟该如何制定一套合理的社群规则呢？一般来说，完善的社群规则需要具备以下几点内容（图4-3）。

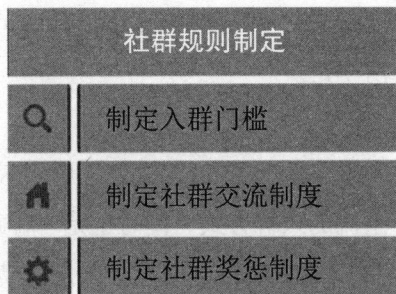

社群规则制定
🔍 制定入群门槛
🏠 制定社群交流制度
⚙ 制定社群奖惩制度

图4-3 社群规则制定

1.制定入群门槛

想要保证社群成员优质，就要在成员入群时进行严格筛选。一些运营者认为社群成员越多就越好，这种观点是片面的。一方面，社群成员数量较多，的确能够促进社群内容的传播，吸引更多的社群成员。另一方面，盲目扩充社群成员的数量，也会让社群变得混乱，最终使一个精英社群充满乌合之众。因此，社群运营者需要设置一定的入群门槛，限制那些容易对社群造成混乱的人进入。入群门槛可以保证社群成员优质，同时也能让社群成员更加珍惜入群的机会。一般来说，较为常见的入群门槛有以下几种。

1）邀请入群

邀请入群主要是指由现有的社群成员邀请新成员加入社群。由于现有成员了解社群规则，同时对被邀请成员也比较了解，这样就能降低社群成员的筛选成本。此外，新社群成员在加入后因为与推荐成员相熟，在适应社群规则方面也会更加轻松。

2）阶梯入群

对于拥有较多成员的社群，运营者可以将社群进行级别区分。初级社群可以不设门槛，任何成员都可以加入。但想要加入较高级别的社群，就要完成一定的任务。社群的级别越高，对社群成员的入群要求就越多。这种金字塔结构的社群，有利于选拔出意见领袖和核心成员。

3）任务入群

设置一定的入群任务，也是一种常见的入群门槛。最为常见的入群任务是将社群宣传内容转发到朋友圈，或者是转发给多位朋友，在达到一定要求后就能够获准加入社群。这是一种重要的筛选社群成员的方法，但在社群成员的质量保障上依然有所不足。

4）付费入群

相比于其他入群方式，付费入群可以说是运营者最为喜欢的一种入群方式。这不仅是一种当下主流的入群方式，同时也是一种重要的社群变现方式。

一些优质社群因为固定成员数量，所以会采用付费入群的方式作为入群门槛。一方面，付费入群可以招收到一些精准的社群成员；另一方面，因为缴纳了费用，所以社群成员会对社群更加珍惜。

在使用付费入群作为入群门槛时，运营者应该在设置付费金额时仔细思考。如果想要将其作为一种社群变现的主要方式，在金额设置时可以稍微高一些；如果仅作为一种筛选成员的手段，则可以将金额设置得稍微低一些。当然，入群的金额最后还要根据社群的价值来确定。

2.制定社群交流制度

在设置好入群门槛之后，社群运营者还需要对社群的交流制度进行简单设置。随着社群成员规模的不断扩大，社群之间如何更好地交流，成为了社群运营者必须关注的重点。

在社群中，每个成员都有自己的意见诉求，即使是在细分的垂直领域中，成员之间也会出现意见相左的情况。运营者应该设置一种适合自己社群的社群交流制度，能让社群成员更好地交流，分享彼此的意见和看法。

一般来说，社群的交流制度主要包括以下几个方面的内容。

1）限定交流时间

交流时间的限定更多是针对线上社群。线上社群很少有全天禁言的情况，当然全天一直都在交流的情况也并不多见。那些全天禁言的社群，很容易让社群成员失去对社群的关注热情，从而让社群失之活跃。

在交流时间方面，运营者应该根据社群成员的属性和作息时间等因素，设置一个合理的交流时间。在这段时间中，社群成员可以沟通专业领域之中的问题，同时也可以扩展一些与社群无关的话题。

设置一个交流时间，一方面能够保证社群成员可以在工作和生活中，不被社群信息所打扰；另一方面则可以提高社群成员之间的交流度和活跃度，从而不至于让社群变得枯燥和无趣。

2）管理广告内容

线上社群交流制度中的一个最重要内容，就是对广告内容的管理。大多数细分领域的社群，会严格控制社群成员发布广告内容。过多的广告刷屏会给社群成员带来极差的体验，同时还会影响社群的正常秩序。

严格控制广告内容自然是有必要的，但很多时候，社群成员还会发布一些相关的专业信息，这些信息可能也具有广告成分，但对社群并不会造成不良影响。这种时候，运营者就需要用一些制度规则加以区分和管理。

在这里，社群运营者可以灵活设置广告时间和发布制度，规定在特定时间发布相关内容信息，或者将带有广告性质的内容信息发布到固定板块。通过这种方法来减少广告信息对社群成员造成的不适感，同时，也能确保有需要的社群成员及时获得更多信息内容。

3）制定社群奖惩制度

为了让社群能够更好地发展，引入奖惩机制是十分必要的。那些对社群发展做出贡献的成员，都应该得到奖励；而那些违反社群规则，影响或危害社群发展的人，则应该受到相应处罚。这样才能在社群中形成正确的价值导向，才能更好地提高社群质量。

当社群成员在社群中表现优异，为社群发展带来较大贡献时，运营者就应该对这些成员进行奖励，可以口头表扬，也可以发放一些物质奖励。这样不仅能够让获得奖励的成员继续努力，也能够为其他社群成员树立榜样。

当社群成员做出了对社群不利的事情，或者违反了社群规则，给社群造成了不良影响时，社群运营者就需要对成员给予相应的处罚，以此形成警示效果，避免其他社群成员再出现同样的问题。

当然，这种奖惩机制需要以规章制度的形式确立下来，不能由运营者随意评判。什么行为应该奖励？什么行为应该处罚？为社群带来什么危害会受到什么样的惩罚？这些细节问题都需要标示清楚，这样在进行奖惩评判时，才能够有据可循。

真正优质健康的社群，一定是由一群充满活力和创造力的成员所构成的。而真正成熟稳固的社群，则需要一群遵规守纪的社群成员。运营者一定要找到一种属于自己社群的制度和规则，这样的社群营销才能成功。

最后，还有一点内容需要明确，即运营者在制定社群规则时，要知道什么样的制度和规则是适合社群的。这个问题的答案需要在社群的核心价值观里寻找，那些成功的社群都拥有一个让成员共同认可的核心价值观，而围绕着核心价值观，这些社群才找到了属于自己的规则和规范。

社群成员结构体系

社群就像是一个小社会，在这个小社会中，每个人都扮演着不同的角色。即使是在我们生存的大社会中，每个人也都扮演着不同的角色。无论在小社会，还是在大社会，我们所扮演的这些角色会随时发生改变。

社群成员在社群中的不同角色，就构成了社群成员的结构体系。从社群成员的结构体系中，我们可以看出这个社群的健康状态。

如果一个社群中都是相同角色的人，那么这个社群可能相处得非常融洽，但也可能会争吵得不可开交。一个社群中，只有不同角色的人按照一定比例搭配，才能形成最大合力，这样才能为社群发展提供更多的力量。

一个社群中的角色是固定的，但扮演角色的社群成员数量是不确定的。一般来说，一个社群中的角色，即社群成员的结构体系可以分为以下几种（图4-4）。

社群成员的
结构体系

创立者 管理者 带动者 合作者 普通用户 潜水者

图 4-4 社群成员的结构体系

1.创立者

一般来说，这种角色是固定的，主要由创办社群的人来担任。社群的创立者大多具有一些独有的特征，这些特征是他们创办社群、运营社群的重要因素。一般来说，这些特征包括个人魅力、渠道资源、专业技能、影响力、眼界等。

社群创立者是一个具有威信的角色，他们能够吸引其他成员加入社群，同时也是社群的绝对核心。社群创立者需要对社群的定位、目标和发展前景进行规划。作为社群的创始人，需要在宏观上对社群进行规划。

大多数社群创立者并不直接参与到社群的管理之中，他们会将管理工作指派给其他社群成员，自己则主要负责一些大方向上的问题。这一点，与企业管理十分相似。正是出于这种原因，社群结构体系中才会出现管理者这一角色。

2.管理者

社群管理者这一角色，在人数上是不确定的。根据社群的规模和层次结构不同，管理者的数量也会有所不同。

作为社群管理者的社群成员，首先需要管理好自己，只有这样的社群成员，才能够带动大家遵守群规，共同进步。此外，社群管理者还需要具有较强的表达能力，能够与社群成员和外部人员进行高效的沟通。

再有，社群的管理者应该拥有足够的耐心，能够出色完成社群的日常管理工作，及时有效地解决社群成员提出的问题，做好社群活动的组织和安排。

此外，社群管理者应该成为连接社群创立者和普通社群成员之间的纽带，同时还应成为社群日常管理的掌舵者，是社群发展的必要角色。

3.带动者

相比于管理者，社群带动者这一角色的责任会更轻一些。带动者也可以被称为气氛调动者或活跃者。一般来说，带动者大多是社群中的核心用户和积极参与者。

一个活跃度高的社群，需要拥有较多的带动者。只有每一位社群成员都深入参与到社群活动和社群建设中，才能不断提高社群的活跃度和质量。

带动者是社群之中的中流砥柱。有些时候，管理者会承担带动者的角色，创立者也会承担带动者的角色。管理者和创立者兼任带动者，能够更好地把握社群发展的方向，同时还能更好地引导社群成员。当然，如果大多数社群成员都能成为带动者，那么这个社群将会具有很大的发展潜力。

4.合作者

社群的发展是多种因素共同作用的结果。对于运营者来说，想要依靠一己之力完成社群营销工作，并不是一件简单的事情。社群想要构建起完整的生态系统，需要吸收多元化的价值内容，这并不是单一个人和团队能够做到的。所以合作就成为了社群获得进一步发展的一个关键因素。

通过与社群外部成员进行合作，可以为社群注入新的血液，增加社群成员的数量。同时，运营者还可以相互间交流社群营销的经验。

在这种背景下，合作者的角色就诞生了。不同的合作者可以在相互合作的社群中发挥不同的作用。合作者可以站在一个相对客观的角度，为管理者提出管理意见，帮助管理者做好社群管理工作。当然，在具体责任上，还需要管理者与合作者沟通。

5.普通用户

在社群中，普通用户占总社群成员的比例很大。在社群成员结构体系划分中，有人并没有将普通用户看作一种角色，而是将其中的付费会员列为重要的角色。这种成员结构体系划分有一定道理，但却有偏颇之处。

付费者不仅包括付费的普通用户，而且还包括为社群提供赞助的合作者。虽说社群的付费者是社群经济来源的重要提供者，但社群的非付费者对于社群的正常运转，也起到了非常重要的作用，因此，单纯将付费者列为普通用户，是片面的，非付费者也应被列入普通用户范畴。

普通用户作为社群成员的重要组成部分，是管理者和创立者必须要管理好的群体。相较于带动者，普通用户的活跃度较低。如果管理者不通过一些方法来提高普通用户的活跃度，社群的正常运转就会受到影响。

管理者可以选择一些普通用户比较感兴趣的内容，通过互动的形式来调动其活跃度。如果管理者没有及时采用方法调动普通用户的活跃度，就会让普通用户的积极性逐渐丧失，最终成为社群中的潜水者。

6.潜水者

任何社群中都会出现潜水者，这一点毋庸置疑。当然，对于潜水者这一角色，也需要分开来看待。

有的潜水者黏性不够，对社群缺少感情，同时也不会为社群创造价值。这些社群成员不仅会占据社群名额，浪费社群资源，同时还会影响社群的和谐氛围。因此，这一类潜水者需要及时清除出社群。

而有的潜水者则是因为个人原因，没有时间在社群中保持活跃，但会偶尔参与一两次社群互动，并且能够产出高质量的内容和资源。这一类潜水者是创立者要格外关注的。在前期，创立者可以和这些潜水者进行有效沟通，随后再根据潜水者的特殊情况来制定相关策略。

能够为社群输出价值的潜水者，很有可能会成为社群的中流砥柱，甚至是社群发展变革的推动者。虽然有一些个人原因影响了他们的活跃度，但只要他们对社群有感情，社群的创立者就要重视这一群体的成员。

在社群成员的数量上，前面的章节中我们已经提到过 150 定律，这是对社群成员规模的一种建议。而在社群成员结构体系上，我们很少能在其他成功案例中找到适合自己的模板。

社群成员结构体系的构建，需要从社群自身出发。作为社群创立者，应该仔细考虑社群的定位、目标，以及一些远景规划。在这个基础上，再去对社群成员结构体系进行研究、分析，诸如管理者需要安排几个人，带动者需要如何挖掘，合作者要怎么联系，这些问题都需要社群创立者去梳理。

确定社群成员结构体系需要做的工作有很多，但实际上，这些工作都是成系统的，并不需要一件一件去单独完成。社群创立者需要从大方向上抓准社群的发展，剩下的工作可以分配给不同的管理者，让管理者充分发挥个人能力，这样就能形成更大的合力，取得比较好的管理效果。

社群成员结构体系构建并不是一朝一夕的事情。在社群创立最初，要先做好细节方面的工作。在社群正常运转后，再去构建社群成员结构体系。

优质社群的意见领袖

大多数社群运营者都有一个普遍共识，那就是社群必须要有意见领袖。当然，也有运营者认为成功的社群并不需要意见领袖，那些长期依赖意见领袖的社群，往往无法发展壮大。

那么，优质社群究竟是否需要意见领袖呢？想要深入了解这个问题，我们需要从意见领袖这一概念开始讲起。

意见领袖又被称为 KOL，最早是由美国哥伦比亚大学传播学者保罗·拉扎斯菲尔德所提出。意见领袖是指在人际传播网络中，经常为他人提供信息，同时对他人实施影响的活跃的人。这些人在大众传播效果形成的过程中起到了重要的作用。信息经由他们再扩散给受众，可以形成信息传递的两级传播。

拉扎斯菲尔德曾对 1940 年美国总统大选展开调查，他发现影响大多数选民投票决定的并不是大众媒体。也就是说，电视、广播、报纸上的宣传并不足以影响选民们的投票决定，真正影响选民投票的，是亲戚、朋友和团体中的一些人。

选民通过和这些人进行交流获得信息，并受其影响，进而做出决定。因此，拉扎斯菲尔德总结后认为，信息的传播并不是从大众媒体直接到达一般受众的，而是从大众媒体传播到意见领袖那里，再由意见领袖传递给一般受众，这才是主流的信息传播模式。

由此可见，意见领袖在信息传播中具有显著作用。一般而言，意见领袖身上具有一些普遍特征，这些特征也是其与一般受众相区分的标志，简单说有以下几点。

（1）社交面比较广，掌握着较多的信息渠道。

（2）具有影响他人的能力，能够加快信息传播速度。

（3）来源于一般受众，与受众处于一种平等关系，但要比一般受众优秀。

（4）是受众所了解和信赖的人，这也让他们的观点和意见更加具有说服力。

（5）不属于特定群体，每个人都可以成为意见领袖。

可以看到，意见领袖所具备的特征并非是难以理解、难以企及的能力或技术。相反，意见领袖更多是我们身边的人，是值得受众信任的人，并且是能够影响受众行为和态度的人。

那么，意见领袖与社群之间又存在着哪些必要联系呢？社群是否真的需要意见领袖？没有意见领袖的社群可以发展壮大下去吗？想要回答这些问题，我们先来思考一组问题：

如果罗辑思维宣布罗振宇不再推送语音信息，正式退出罗辑思维，还会有那么多人愿意花钱成为罗辑思维的铁杆粉丝吗？

如果 papi 酱宣布不再做搞笑日常短视频，而去高校做老师了，还会有那么多粉丝关注 papi 酱的日常吗？

上面提到的两个如果虽说成真的可能性并不大，但从这两个如果中，我们可以充分认识到意见领袖对社群所产生的作用。

罗辑思维社群、papi 酱日常社群都是围绕意见领袖建立起来的，这一点毋庸置疑。如果没有这些意见领袖，这些社群可能很难建立起来，更不要说不断发展下去，所以说意见领袖对于社群具有很大程度的影响。这种影响不仅表现在社群建立上，而且还表现在社群的发展过程中。意见领袖会帮助社群吸引更多目标用户，而能够吸引多少用户，则取决于意见领袖的个人魅力和能力。

意见领袖在社群中的价值可以概括为两个方面，这两个方面也是社群发展中的重要因素。

首先，意见领袖可以在社群中传递信息。正如前面我们讲到的，意见领袖在二级传播模式中充当着连接者的角色。由于意见领袖拥有的信息渠道非常广，获取到的信息和知识也比较多，所以那些缺少信息获取渠道的普通社群成员，就需要通过意见领袖来获取信息。这样一来，社群成员就会对意见领袖产生强烈的依赖。社群中的信息永远是不对称的，相比于普通受众，社群的意见领袖掌握着大多数信息内容。通过这种优势，意见领袖可以吸引更多普通受众加入到社群之中。

其次，意见领袖还可以为社群累积信任。意见领袖大多是普通受众所信赖的人，在长期交往过程中，意见领袖可以逐渐积累起普通受众的信任。信任程度越深，意见领袖对普通受众的影响也就越大。出于对意见领袖的信任，普通受众也会逐渐积累起对社群的信任，这正是意见领袖对社群的一种价值表现。

由此可见，意见领袖能够帮助社群扩大信息传播范围，为社群吸引更多成员。

意见领袖确实对社群发展起到了关键性作用，但这并不意味着意见领袖对社群发展起着决定性作用。在这里，我们要区分清关键性作用和决定性作用这两个概念的区别。关键性作用是说作用突出，但并非必须要有；而决定性作用则是说必须要有，不可缺失。

我们依然用上面的两个例子来说明。罗辑思维和papi酱的社群，都是以意见领袖为基础构建起来的，在社群建立之初，这些意见领袖是必不可少的。但当社群发展到一定阶段之后，意见领袖的作用就逐渐减弱了。

现在罗辑思维和papi酱社群想要发展壮大，需要做的不是继续强化意见领袖的作用，而是需要逐渐弱化意见领袖的作用，这样才能让社群向着更长远的目标发展，这是一个去意见领袖的过程。

在前面的章节中，我们讲到了社群发展到最后阶段，需要实现去中心化，这种去中心化并不是让中心消失，而是形成各种不同的小中心，或者说让每个社群成员都成为一个中心。意见领袖也是如此，一个成功的社群需要意见领袖，但相比于一个强力意见领袖，更多普通意见领袖的作用要更大一些。

这一点从当前商业市场的发展趋势也可一窥究竟。大多数企业创始人正在逐渐让出手中的权力，这正是一种弱化意见领袖作用的过程。如果阿里巴巴始终依靠马云一个人掌舵，那么马云年老退休之时，也就是阿里巴巴停船靠岸之日。但现在，马云早早完成权力下放，自己提前退休，但阿里巴巴却依然在汪洋大海中乘风破浪。大多数社群运营者也应该好好学习一下这一点。

社群想要最终获得成功，还是要回归到社群本身，去强调社群本身的价值，而不是完全依靠意见领袖去驱动。让社群逐渐形成多个意见领袖，不断扩大社群影响，这是一种良性的社群规模增长模式。

任何一个社群想要长久发展下去，都不能过于依赖单个意见领袖的作用。社群运营者应该让意见领袖在社群发展的某个阶段实现平民化，让每个社群成员都可以成为意见领袖。

大多数知识分享类社群，在最终的商业发展上，都会逐渐实现去中心化，意见领袖的作用也会逐渐削弱。当然，强力意见领袖作用的削弱只是一个阶段的任务，运营者还需要同时培养起较多的平民意见领袖，来继续发挥意见领袖对社群的价值，这样才能确保社群实现良性稳定的发展。

社群运营者定位及责任

当前社群运营环境中，不少运营者在创建社群后找不到自己应有的定位，这就使得社群在发展过程中磕磕绊绊，始终无法取得好的效果。

社群运营者要做好社群运营工作，首先需要找准自己的定位。一些运营者在运营社群时将自己当作服务员的角色，对社群成员的要求言听计从。长此以往，社群的核心价值就会逐渐丧失，运营者也将会失去对社群的掌控权，由此社群会逐渐沦为一个大会场，而运营者则会成为其中的服务生。

社群运营者也是社群中的重要成员，相比于其他社群成员，运营者更应该找准自己的角色定位。只有做到这一点，才能更好地运营社群。

一般来说，社群运营者在社群运营中所应担负起的责任有以下几点（图4-5）。

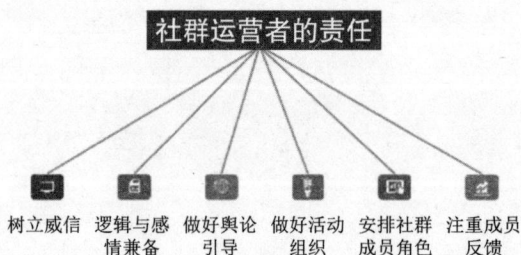

图 4-5　社群运营者的责任

1. 树立威信

运营者是社群的核心，同时也是社群的领袖。出于这一点考虑，社群运营者在面对社群成员时，要树立起一种威信。在与社群成员交流时，注意语言表达和语气；在与客户交流时，也需要注意语言表达方面的内容。

　　同时，在与社群成员交往时，运营者也应该把握好相互间的距离。运营者不能与社群成员相距太远，同时也不要与社群成员走得过近。长时间不与社群成员交流，或者经常与社群成员聊一些家长里短，都可能会因距离感缺失，而让运营者在社群中失去威严。

　　运营者与社群成员感情融洽、打成一片，应该算是一件好事。但如果掌握不好距离感，就会让社群变得缺少规章和原则。这对于运营者管理社群来说，并不算是一件好事。

2. 逻辑与感情兼备

　　在社群运营中，逻辑的作用并不明显。在一个缺乏规章制度的群体里，逻辑的作用趋近于零。但对于运营者来说，逻辑在社群管理中是必不可少的。社群成员可以没有逻辑，但社群的运营者却不能失去逻辑。

　　相比于逻辑，在社群管理中，运营者应该更多运用到"情感武器"。在群体中，大多数成员更喜欢去感性地思考，很少有人会去理性地关心事情的本质，更没有人会去关心逻辑和数据。因此，运用感情成为了运营者进行社群管理的一个重要手段。

　　情感管理可以在很大程度上化解社群纠纷，而逻辑管理则能让运营者对社群的问题始终有一个清醒的认识。逻辑和情感兼备是一种刚柔并济的管理方法，是社群运营者必须要掌握的管理手段。

3. 做好舆论引导

　　社群中的信息交流需要引导，如果社群中缺少意见领袖的角色，就需要运营者去引导舆论的走向。

　　在社群中，舆论引导是十分必要的。社群成员具有跟风的特性，会被舆论风向所引导。这时，如果运营者不去引导舆论，社群中的舆论就可能会失控，进而影响到社群的正常发展。

　　如果运营者能找到合适的方法去引导舆论，就可以更好地调动社群成员的注意力和积极性，在确保社群向着正确方向发展的同时，还可以让社群成员更活跃，进而打造一种更为良好的社群交流氛围。

4.做好活动组织

在社群中，运营者还是活动的组织者。社群必须要有恰当频率的活动，这样才能让社群成员保持一定的活跃度。活动频率越高，社群成员的活跃度就会越高。如果社群缺少活动，社群成员就会逐渐沉寂下去。

作为一种调动社群成员活跃度的手段，运营者在活动策划和组织方面必须要有新意。什么样的活动有新意，需要根据社群的实际情况来确定。对于大多数社群运营者来说，除了要有优质活动外，社群还应该有一些日常活动，虽然这种活动的规模并不大，但却可以让社群成员持续地参与进来。

5.安排社群成员角色

在前面我们提到社群成员在社群中都会扮演着不同的角色，不同角色在社群中占据着不同的比例。有些时候，社群成员会主动扮演起相应角色，但更多时候，社群成员角色的分配，还需要社群运营者来安排。

这种方式一方面有助于社群分层管理，可以让社群更加高效有序地运转；另一方面也能够提高社群活力，让社群成员积极参与到社群活动中。

在具体操作时，除了前面章节中提到的社群角色外，运营者还可以为社群成员起一些有代表性的称号，可以根据社群成员的能力特长来起称号，比如"辩论帝""推理帝""绘画鬼才""搞笑达人"等。通过这些称号为社群成员确定角色定位，能够更好地调动社群成员的积极性，让他们更加主动地参与到社群活动之中。

6.注重成员反馈

在社群运营中，社群成员的信息反馈是十分重要的，运营者应该将这种信息反馈作为日常运营工作的基础和方向。运营者需要根据社群成员的信息反馈，及时调整社群运营策略，包括与社群成员的沟通策略，以及社群活动的开展策略。

　　运营者所面对的重要客体就是社群成员，虽然二者在关系上是平等的，但社群运营者有义务为社群成员提供必要的服务，这也是社群成员持续关注社群的一个重要原因，所以运营者要认真对待成员的反馈信息。

　　在对待社群成员的信息反馈时，运营者应该学会区分和筛选。在大量的反馈信息中，并不是所有的反馈信息都是有价值的，如果运营者选择一一回复所有的反馈信息，不仅会耗费掉很多精力，而且也会影响社群的正常发展。

　　社群运营是一项复杂的工作，即使是再优秀的运营者，也需要先对自身社群进行充分的了解，包括管理策略、活动策略、用户策略等。在了解社群的这些实际情况后，再去进行规划。

　　一个良好的社群，需要拥有健康完善的管理体系、优秀的社群文化，以及合理的社群运营，这些工作都需要由社群运营者来完成。当然，对于社群的日常管理工作，运营者并不都需要亲力亲为，可以将不同环节的工作交给社群管理者去完成，这样能够更好地提高社群的运营效果。

第五章　怎样保持社群的活跃度

有活跃度的社群才有价值

好不容易在亲朋好友的鼎力相助下，你终于组建了一个社群。虽然倾力维护，每天红包不断，但是没多久，你就发现这个社群丧失了活力，变成了广告群、抢红包群、灌水群，别说盈利，连活跃度都没有。为什么你的社群沉寂了呢？该怎样创建一个有活跃度的社群呢？想要找到答案，让我们先来看下面一则小故事：

> 一天小鸡对母鸡说："妈妈，今天你能不能别下蛋了，带我出去玩？"
>
> 母鸡摇摇头说："孩子，不能，我必须要下蛋。"
>
> 小鸡问道："可是你已经下了很多蛋了，为什么不能歇一歇呢？"
>
> 母鸡意味深长地对小鸡说道："一天一个蛋，刀斧靠边站。孩子你要记住，我们能活着，是因为还有价值。如果没有价值了，我们也就离死不远了。并且过去的价值并不能代表未来的地位，所以我们每天都要努力，不能松懈。"

从上面的故事中我们可以看出，任何事物只有持续为他人提供价值，才能长久地存在。社群也一样，只有不断提高社群价值，才能不断提高社群的活跃度。而给人提供不了任何价值的社群，随着社群人数的增加，广告和灌水会越来越多，最后就会形成一种恶性循环。

这时，一些社群元老、有价值的成员受不了这种群风，会纷纷选择毅然退群或变成僵尸粉，最后群里只剩下那些广告和无意义的聊天。随着广告和无意义闲聊的增多，会让一些有追求的社群成员渐渐离开。这些有价值社群成员的流失，会让社群的影响力越来越小，能吸引的人也越来越少，最后一切归于平静。

怎样才能避免这种情况，不断提高自己社群的价值，让它变成一个有活跃度、日后能变现的群呢？想要促进社群活跃度，就要做到以下三点（图 5-1）。

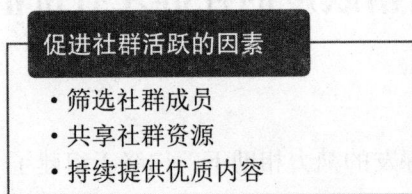

促进社群活跃的因素

- 筛选社群成员
- 共享社群资源
- 持续提供优质内容

图 5-1　促进社群活跃的因素

1.筛选社群成员

现在人们常说"与优秀的人为伍，你也会变得更优秀"。为了让自己变得更加优秀，人们在结交朋友时往往会选择比自己更优秀的人。那么想要创建一个高质量的社群，也要对社群成员的质量进行筛选。

前面我们讲过，社群就是有共同价值观和目标的一群人聚在一起的群体。人总是喜欢跟自己各方面类似或高于自己的人聚在一起。你的社群里面高质量的人才会吸引越来越多的同类人。这就好比只有先种下梧桐树，才能吸引凤凰来。很多运营者想吸引那些高端的客户，但是社群里的成员却没有一个是高端人士，社群的平台也不适合那些高端人士的需求，那怎么可能会吸引到高端客户呢？

社群在为社群成员提供价值的同时，也要求社群成员自身拥有一定的价值，这样才能相互促进。比如，社群成员拥有某些资源、是某个领域的达人、拥有某种特长等。这些有价值的社群成员在从社群获得价值的同时，也能提高社群的整体价值，而社群价值的提高，又能吸引更多高质量的成员，从而形成一个良性的循环。

在创建社群时要注意，如果你的定位就是高质量的社群，那么在拥有一些高质量的成员后，千万不要为了快速扩大规模，去滥加成员。这样会拉低你的整个社群价值，并且曾经拥有的那些高质量的成员也可能因为社群价值的降低而流失，最终你会得不偿失。

所以，想要建立一个日后能持久变现的社群，其成员质量的筛选非常重要，这是保证社群价值的基础，而社群价值又是决定你社群存在多久的基础。下面我们来看那些运行良好的社群是怎样筛选会员的。

黑马会：入会时需填写入会申请表，并交由相关人员审核，只有审核通过了才行，申请会员的人必须是公司的 CEO 或高管，入群需支付一定数额的年费。

秋叶 PPT：这个社群不对外开放，人员加入采用群主邀请制，只有自身有才华的人才能加入。

大熊会：直接招募的时候很少，必须经过介绍才能进入这个社群，并需要支付一定的费用。

只有对社群成员进行严格的筛选，保证社群成员自身的高质量，才能让社群健康地成长，才能保证没有广告党、灌水党的出现，才能让社群保持良性发展。人都有越难得到的才会越珍惜的心理，相信这样有一定难度门槛的社群，是不会有会员去破坏社群规则的。

2.共享社群资源

共享单车的流行让大家对共享经济有了一定的认识。其实所谓的社群经济，也就是共享经济。虽然我们对共享经济有所了解，但是共享经济到底是什么呢？

共享经济一般是指：以获得一定报酬为主要目的，基于陌生人且存在物品使用权暂时转移的一种新的经济模式。就是把线下的一些闲散物品、劳动力、教育医疗资源进行重新整合，提高资源的利用率，并从中获得回报。也有人说共享经济是人们公平享有社会资源，各自以不同的方式付出和受益，共同获得经济红利。

共享经济的核心点就是付出和受益。现在我们来分析一下社群和社群成员在运营过程中的关系：

（1）社群成员与社群之间。成员在为社群付出的同时，社群也让成员
受益。

（2）社群成员与社群成员之间。社群成员之间将各自闲散的资源进行互
换共享，共同获利。

因为社群资源的共享，让社群及社群成员都能获益，这样就会形成一个
高凝聚力的、高活跃度的社群。"天下熙熙皆为利来，天下攘攘皆为利往"，
人都有趋利的心理，这样一个对自己有利的社群，谁愿意放弃呢！

3.持续提供优质内容

一个社群如果没有内容就会显得空洞。每个社群都可以根据自己的类型，
通过不同的方式提供相应的内容。社群的内容一般可通过以下两种形式来提供。

相关领域达人的分享。那些做得好的社群都会根据自己社群的类型，聘
请同行业类的大咖、达人来进行知识、经验的分享，让社群成员从中获得知识、
技能上的提升，从而增加社群的黏性和转化率。

社群成员 UGC。一些活跃度高的社群，往往鼓励社群成员提供优质内容
的分享。这种做法一方面可以让社群内的其他成员从中获益，另一方面也满
足了那些提供内容的社群成员的虚荣心和荣誉感，从而增加其对社群的黏性。

一个高质量、有价值的社群建立好后，下一步该怎样做才能永葆活力呢?

让社群成员参与进来

在互联网时代，因为一些新社交化媒体的出现，让事件传播的速度呈现爆炸式增长，信息扩散的半径也以百倍、千倍地增长。过去想要"一夜成名"是何其艰难，现在"一夜成名"的案例频繁出现。

在这种环境下，人们的信息传播也发生了重要转变：信息开始从不对称转变为对称；信息传播的速度暴增，影响范围也空前扩大。因为互联网信息是去中心化的传播，人们可以通过社会化媒体去分享传播，这样每个普通用户都成了信息节点，都有可能成为意见领袖。

信息传播发生重大转变后，社群又该怎样运作来提高活跃度呢？那就是不断提高社群的口碑。一个好的口碑，除了能吸引更多有价值的社群会员，还会让更多的人愿意为你的产品买单。此外运营者还可能获得一些额外的机会，比如投资。毕竟在信息对称的今天，人们可能仅仅因为喜欢一个人就可以投他一票，因为是他的粉丝就愿意为他买单，即便他不完美，有缺点那又怎样，我就是喜欢他！

怎么才能让社群获得一个好的口碑呢？那就是提高社群用户的参与感，这样才能提升用户的黏性和活跃度。

你是不是有过这样的经历：你可能参加过很多场宴会，大多参加完就忘记了，但是那些主持人邀请你做过互动的宴会却让你记忆深刻。如果那个主持人还邀请你去参加另一场宴会，你是不是很乐意去呢？

有的社群从你加入以来，就让你天天看到发的一些产品广告，让你烦不胜烦，最后只能退出。而有的社群则不会这样做，它们会找到相关的达人进行产品的分享，然后邀请那些在分享过程中积极互动的社群成员，一起来完善产品。对于自己亲自参与制作的产品，你是不是会像自己的孩子那样爱护呢？推广和维护时，你是不是更加尽心尽力呢？

互联网的发展，让消费者有机会能参与到产品制作过程的各个环节，这让消费者选择产品的决策心理发生了巨大的转变：由过去的为了获得产品的某些功能而进行的功能式消费，转变为追随品牌的品牌式消费，继而又转向体验式消费（先体验后消费），到现在形成了参与式消费（让用户全程参与产品制作的过程）。这是因为大家普遍都会这么想："因为这个产品我参与过，所以我喜欢！"

我们知道，小米公司就是一个非常成功的社群营销案例。那么它是怎样通过口碑传播实现用户参与的呢？口碑传播有三个核心内容——产品是发动机、社会化媒体是加速器、用户关系是关系链。对于这些方面的应用，我们来看看小米公司是怎么做的。

2010 年成立的小米公司，是一家借助互联网而生的公司，创立之初就提出了"为发烧而生"的产品概念，在国内首创互联网模式开发手机的操作系统，并邀请发烧友一起参与产品的开发与改进。

首先，在产品口碑方面，小米公司用产品的"快""好看""开放"形成了一个好口碑，把用户都拉了进来。

"快"：小米公司以快为卖点，把整个桌面的动画帧速做了优化，从每秒30~40 帧提升到 60 帧；一般系统给常用联系人发短信，需要 3~5 步，但是小米把它简化到两步。

"好看"：作为一家互联网公司，当时的用户大多为年轻人，所以 MIUI 的主题都非常漂亮，并且还可自己编程，如果用户有一定的编程能力，主题可以做到千姿百态。

"开放"：这点小米是与众不同的，不同于其他公司对自己的系统严防紧守，小米允许用户重新编译定制 MIUI 系统。这种开放性还吸引了许多国外的用户参与进来，并吸引他们去深度传播 MIUI。

其次，在传播渠道方面，小米选择了高效的社会化媒体。小米公司在创业之初，就在各个社群中扩散，MIUI 的前 50 万用户基本都是在论坛中发酵的，不仅节约了成本，还节约了时间。有了 50 万用户后，小米借助微博这样的社会化媒体，很快实现了用户数量从 50 万到 100 万的飞跃。

最后，在用户关系方面，小米公司的指导思想是"和用户做朋友"。我们知道，所有社交网络的建立都是基于人与人之间的信任，信息的流动就是信任的传递。一家企业与用户的信任度越高，口碑传播得就越广。小米公司深谙此道，不仅让员工成为产品的用户，还把员工的朋友也变成用户，并鼓励员工与用户做朋友。

依靠这些方法，小米有了不错的口碑，加上借助一些营销手段，小米手机在刚推出时就创造了"一机难求"的销售神话。

这种参与式的消费意味着消费需求发生了一次巨大的转变，人们消费不再是因为产品本身，不再囿于产品的物化属性，而是向其社会属性延伸。提升用户的参与感、符合年轻人"在场介入"的心理需求、抒发"影响世界"的热情，小米正是满足了用户的这种全消费心态，最终才取得了如此巨大的成功。

可见，社群这个架构在互联网上的新生事物，需要在满足社群成员参与感方面做文章。让社群成员有参与感的方法有很多：比如邀请社群里的成功人士分享成功故事，或是邀请某些在专业领域做得好的人士来分享他们的成功经验。举个例子来说，有的人菜做得非常好，就邀请他分享怎么做美味的佳肴。分享内容要根据自己社群的性质和社群成员的需求来做，可以在群里先做个调查，这样会更加有针对性。

对于怎么做好线上分享活动，运营者需要注意以下几个环节（图 5-2）。

1.提前准备

如果是领域达人分享模式，要选好邀约的嘉宾，并请嘉宾就话题准备素材；如果是话题讨论分享模式，就要提前准备好话题，并对话题能否引起会员的讨论进行小范围评估，或让会员提交不同的话题，由话题主持人或社群投票做出选择。

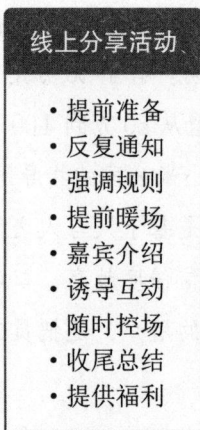

图 5-2 线上分享活动环节

2. 反复通知

确定好分享时间后，应提前 3~7 天在群里多次发布消息，提醒会员按时参加。如果是话题讨论，需要提前发布几遍话题，以便会员有充足的时间进行思考。

3. 强调规则

在社群分享前，一般都会有新人加入，他们往往不知道分享的规则，为了防止他们在不恰当的时机插话，影响嘉宾的分享，要在每次分享开场前提示规则。如果是 QQ 群，可以选择在分享期间临时禁言，避免规则提示被刷掉。

4. 提前暖场

在正式分享前，可以用一些小活动来暖场，如发红包，或者聊一些轻松的话题，把大家引导到线上，进入交流的氛围，激活会员参与。

5. 嘉宾介绍

如果是嘉宾分享模式，在分享之前需要由主持人来介绍一下嘉宾的专长或者资历、经历，引导大家进入正式倾听状态。

6.诱导互动

为了防止分享过程中出现冷场，所有分享者或者话题主持人要提前设置互动引诱点，引导社群成员积极参与。

7.随时控场

在分享过程中如果有人胡乱发言，或者提出和话题无关的内容，这时主持人或者小助手就要与之私聊，引导这些人服从分享秩序。

8.收尾总结

分享结束后，引导会员做一个分享总结，并鼓励他们去一些社交网络分享自己的心得体会，从而扩大社群的影响力和口碑。

9.提供福利

在分享结束后，对那些用心或总结出彩的朋友可赠送一些小福利，以此激励大家的积极性，吸引大家下一次来参与分享。

通过不同方法让社群成员参与社群的各种活动后，你会发现社群开始活跃起来，这样有活力的社群会吸引更多的人加入，从而形成一个良性的循环。

社群讨论，让社群动起来

在网上，我们经常会看到大家就一个问题展开热烈讨论，吸引了很多的人参与，最后形成一个热点。其实社群也可以借鉴进行有效的群讨论，以此增加社群的活跃度。这种形式主要就是找一个话题，让全部成员都参与进来，通过讨论形成高质量的输出。

社群讨论这种方法虽好，但是如果没有掌控好的话，不仅达不到预期的目的，还会造生一些不可挽回的损失。那么，怎样才能组织一场活跃的、有效果的社群讨论呢？

社群讨论分为三个阶段，即讨论准备时（图5-3）、讨论进行中、讨论结束后。为了让社群讨论获得圆满的成功，下面详细介绍每个阶段都需要注意哪些事项。

1.讨论准备时

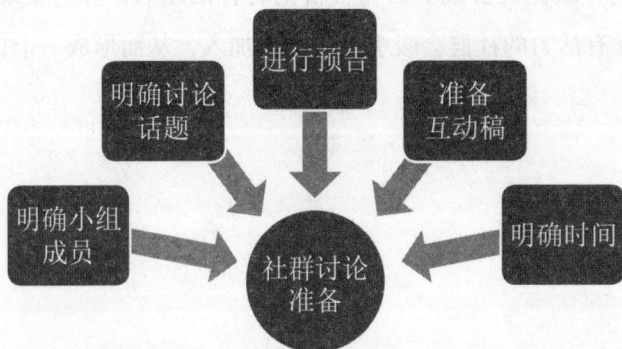

图5-3 社群讨论准备阶段的注意事项

1）明确小组成员

确定参与讨论的成员有多少人后，就需要建立一个内部管理小组，这样方便组内成员及时沟通和做出决策。一般情况下，管理小组需要组织者、配合人、小助手这 3 个重要的角色，来配合社群内部运营。

组织者需要有自己的想法，并且提出一个适宜的话题，让成员在社群里进行讨论，并能活跃线上气氛。

配合人应有丰富的社群管理主持经验，能配合群内互动，出现冷场时可以及时救场。对于第一次做群主持的新人来说，需要这样的一个配合人。

小助手在社群讨论中协助组织者，完成一些琐碎事项，并及时回复群里的消息，活跃群里的气氛，带动社群成员一起参与讨论，并且还要提前通知社群成员有什么社群活动，提醒讨论的一些事项，让讨论能顺利进行下去，并维护好社群秩序。

2）明确讨论话题、进行预告及准备互动稿

一个好的话题能调动成员的积极性，可以说话题决定了讨论的效果。因此，组织者在确定话题时要充分考虑到这点，为此，需要遵守几个原则，如话题不能太过宽泛、太过沉重，要简单、易讨论，让人随时都能参与进来。比如说"你是怎样表达你的感情的？"

在设计话题的时候，可以让大家分享自己的经验，或是自己高兴的事情，来提高大家的参与度。尽量不要让大家分享自己做过的不好的事，因为没有谁愿意谈及。设计话题时要考虑情境感和参与感，可以根据最近刚发生的事件去设计话题，也可以对未来的节日活动进行讨论。比如"圣诞节大家是怎么过的？"

进行话题设计时，还可以结合一些热点话题。网络上经常会出现一些吸引人眼球的热点话题，我们可以就此进行讨论。这些热点话题在各大网络平台都有，可以从中提取讨论。当然，选择话题时也要注意分享的时间段。有的话题很好，只是讨论的时间不对，结果导致参与度不高。比如"四、六级押题推荐"的话题，如果是放在四、六级考试之前，大家会讨论得很热烈，但若是刚考完不久，估计没人想去讨论。

话题确定好之后，就要在各个社群写预告。这个预告主要是告知大家讨论开始的时间和一些注意事项，以及对分享嘉宾的介绍，最后提醒大家需要做的事等。

关于互动稿：提前调查好群成员关注的问题，写好互动稿。

3）明确时间

（1）通知群讨论的时间。写好预告之后，就是发布预告，通知成员什么时候来参加讨论。一般需要进行3次时间预告：建议前一天晚上9：00—11：00一次，第二天中午12：00—13：00一次，社群讨论前一个小时一次。因为这3个时间段大多数人都有空，看见预告的概率比较大，是比较适合发通知的时间段。不过，你也可以根据社群成员的时间段，去设置更适合的发布通知的时间。

（2）互动时间段。确定好讨论的时间后，组织者就需要提前安排好时间，避免因为别的事而耽误了互动。

（3）讨论时间。一般来说，每个话题讨论时间建议为半个小时，但是如果讨论得很热烈，可以考虑适当延长讨论时间，如果成员反应很平淡，就可以缩短讨论的时间，进入下一个问题环节。

2.讨论进行中

做好上面的准备工作之后，就可以进入讨论环节了。讨论可以按照互动稿上的内容去进行，并根据线上讨论的具体情况做出适当变动。如果你没有太多的社群分享经验，可以提前想好不同阶段需要说的话，也可以发给管理组，让大家帮忙看看，完善一下，好让自己心里有点底。

那么，在准备过程稿时，需要从哪些方面入手呢？

首先就是开场白，比如可以先来个自我介绍，再对要分享的内容做个大体解说。

其次就是过渡阶段，在结束一个问题的讨论时，要自然过渡到下一个问题的分享，这样可以让大家及时结束对上一个问题的讨论，紧接着去进行下一个问题的讨论。这时你可以对前面的讨论进行一下总结，并发表你的看法。

再次是诱导互动，如果讨论中出现了冷场，要安排几个人及时出来救场，话题组织者需要提前设置好互动诱导点，鼓励大家踊跃发言。

最后是结尾，要对这次讨论活动进行一个简单的总结，引导成员说出自己的想法分享给大家。比如，今天的讨论就要结束了，关于这次×××的讨论，你们有哪些感想呢？大家可以在群里分享自己的感言。

在讨论过程中允许适当的刷屏，但是如果出现与主题无关的刷屏，则需要委婉地提醒，可以提前想好怎么提醒。另外讨论过程中，如果成员出现观点与前面重复的情况，组织者也需要提前想好怎么恰当地提醒。

3.讨论结束后

讨论结束后，需要对成员参与的讨论进行汇总记录，增加仪式感。汇总记录可参考下面的基本格式：

标题：（第×期分享＋讨论主题）

分享组织者：×××

分享时间：×年×月×日×点～×点

分享内容：×××

资料整理完确认无误后，就可以把整理的资料上传到群共享，同时在群里发布通知，让没空参加的成员可以在有空时打开来观看。

讨论结束后要及时总结，只有不断地总结得失，才能不断进步。总结时可以从以下几点去考虑：

（1）如果这次讨论很成功，分析成功的原因，下次可以借鉴。

（2）如果讨论过程中，气氛很冷清，参与的人不多，也要分析原因，看是选题不好，还是时间段不好，抑或是因为组织者的原因没有调动起大家的积极性等。多方面去探讨，这样才能不断改进，下次才能努力避免出现这种情况。

（3）以后该怎样去改进，让讨论更加完美。

总结之后，发到管理小组和大家一起讨论，听听大家的意见，从而为以后的社群活动积累经验。没有什么事是一蹴而就的，只要用心去经营社群，不断去尝试，你就会发现属于自己的特点，只要及时总结，未来一定会形成自己的风格，这个风格就是你未来运营社群的资本。

　　社群兴起没多久，很多人因为没有系统的知识，从一开始就没搭建好，导致大多社群没有盈利。但是未来一定是社群经济的时代，从现在起好好经营你的社群，树立自己社群的口碑，未来会有人为你的努力付费的。

定期举行线下活动

现在人们有了一部手机加 WiFi，就似乎拥有了全世界。但人是群居动物，除了虚拟的网络外，人们从内心深处还是喜欢跟人面对面地沟通交流，还是需要更加丰富的互动体验。俗话说"百闻不如一见"，无论大家在线上做了多少次分享，有过多少次沟通，但是大家相互的印象毕竟没有见面之后来得立体而深刻。所以社群除了平时的线上活动，还需要定期举行一些线下活动。

定期举行一些线下活动，有利于加深社群成员之间的联系，有利于打造社群的仪式感，增加大家对社群的感情和黏性，同时也是激发和保持社群活跃度的有效方法之一。

线上交流的大多是信息，线下交流的则是感情。线上建立起关系，线下加强关系。虽然线下活动投入的时间成本和机会成本都多，但是投入的时间和精力越多，越有利于社群成员的黏度与沉淀，这样才会积累最忠实的粉丝，而这些粉丝也是社群里的中坚力量。

现在好的社群都在慢慢地从线上走到线下。这些社群已经意识到，只有在线下大家面对面地交流，才能建立起多维的联系，才能相互建立信任，搭建起更多合作的可能。

成员的线下见面一般安排在什么时候比较好呢？当网上开始建立起社群成员的交叉链接后，运营者就可以组织成员进行一些线上活动。如果线上活动比较成功，大家的热情很高，那么就可以组织一些线下的见面交流等活动，来增加大家对社群的感情。

一般情况下，当大家对线上社群的新鲜感消失后，社群的活跃度就会下降。这时如果没有新的运营手段来刺激社群，成员之间的链接关系就会变松，成员慢慢就会脱离社群。一个社群想要延长生命的周期，保持持续的活力，必须要打通线上和线下的通道。

社群的线下活动有助于扩散社群的知名度，提升社群的影响力，深度拓展社群成员。社群成员从线上到线下的活动，可以完成二次扩散，辐射到更多的人群、资源，并将其转化到线上，以此形成一个良性的从线上到线下的循环扩展。

不过，在打通线下线上的通道之前，运营者必须考虑清楚社群发展线下的目的和预期。有了可量化的目标之后，才能有针对性地组织和策划线下活动。通常情况下，一次好的线下活动一定要有以下四感，这四感共同构成了线下活动的要素（图5-4）。

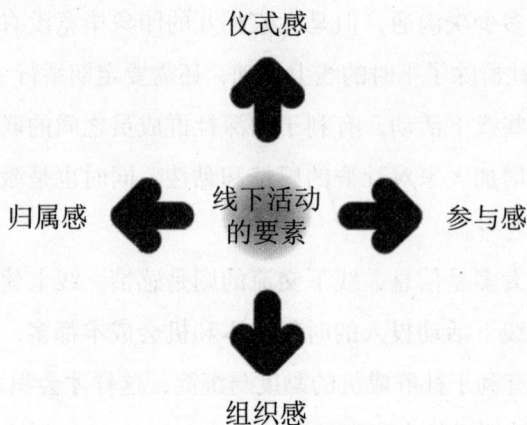

图 5-4 线下活动的要素

1.仪式感

我们知道，社群是由一群有共同价值观和爱好的人凝聚而成的一个组织。在固定时间、固定地点，大家一起做一件固定的事情，很容易形成一种仪式感。在如今快节奏的社会中，大家每天过得匆匆忙忙，社群的这种仪式感会让人获得精神上的期盼，从而打造社群的归属感，这是保持社群运营最持久的能量。我们来看看《小王子》中关于仪式感的描写：

小王子在驯养狐狸后的第二天，去看望狐狸。狐狸对小王子说："你最好每天在相同的时间来看我。比如说，你每天下午四点来，那么从三点起，我就会感到幸福。随着时间的临近，我就越感到幸福。到了四点钟的时候，我就会坐立不安；我就会发现幸福的代价。但是，假如你随意什么时候来，我就不知道该在什么时候准备我的心情了……应该有一定的仪式。"

"仪式是什么？"小王子问道。

"这也是经常被遗忘的事情。"狐狸说，"它就是让某一天与其他日子不同，让某一时刻与其他时刻不同。"

《小王子》一书很好地揭示了仪式感的重要性。社群中也需要一些必要的仪式感来增加成员对社群的黏性，从而提升社群的活跃度。

除了固定时间、固定地点、固定事情外，还可以向线下聚会的每个成员发放个人编号等，这一系列充满仪式感的设定，能够让成员意识到自己是社群中的一员，因而今后也会更注重自己的言行对社群的影响。

2.参与感

一个成员没有参与感的社群活动是失败的。进行社群活动时，最好将每个成员都视为主人，让他们真真切切地参与到社群活动之中，融入到社群活动之中，通过全员共同参与，让社群成员意识到自己是社群的主人。

3.组织感

在组织社群活动时要激励成员一起分工协作，不计个人得失，共同完成组织交给的活动和任务，贡献自己的力量。在筹备期间可能每天都会遇到很多新的问题，鼓励成员一起找到解决问题的办法，也能增加成员对社群的黏性。

这样一场活动下来，大家除了能够获得有价值的内容，还能通过这场活动锻炼自己的组织能力，这样的活动肯定会让人很有自豪感。

4.归属感

一个没有归属感、没有凝聚力的社群不会是一个优质的社群。作为一个优质社群的运营者,要无时无刻不为成员营造归属感。无论是活动时的邀请函,还是对那些辛苦付出的成员进行表彰,都能激发成员的归属感和荣誉感,让大家对社群产生认同感,从而为这个大家庭多多贡献自己的力量。

具备了仪式感、参与感、组织感、归属感这些基本的要素,再加上每个不同社群活动的各自特设,就可以打造出属于你的社群活动,让社群越做越好,为以后的商业转化打下坚实的基础。

那么,线下的活动通常有哪些形式呢? 一般来说,线下活动形式分为以下三种:

1）核心群的大型聚会

组织大型线下聚会,组织者要首先确定聚会的主题,让大家的聚会既有趣又有价值,只有这样才能达到社群聚会的目的。特别是聚会价值这方面要重点考虑,如果没有任何价值,以后再有类似的活动,估计也没人愿意参加。

此外还要确认参加的人数、地点、可能需要的天数,然后协调好大家的时间。这样的聚会流程很烦琐,各种微小细节都要事先考虑进去。再有,别忘记要将安全因素也考虑进去。

2）核心团队的小范围聚会

这种聚会因为人数少,因而很好安排,大家相约哪天一起吃饭或者游玩都可以。

3）核心群+外围社群成员的聚会

这种聚会的规模就看社群的组织模式了,不过人数越多就越复杂。像社群做得好的吴晓波在各地的读书会,可能每月都有活动。

还有一些社群会在线下建立俱乐部,通过线上到线下的链接,让商业化的转换成为可能。也有的社群,通过线上的运营为线下的大课进行导流,进行商业化的转换。

社群打卡的灵活应用

　　为了让社群每天都保持活跃，运营者需要创建一种场景，这个场景能让成员持续保持活跃度，这就是社群打卡。

　　打卡最开始出现于上下班中，大家需要用打卡机来做考勤。后来有人把这个打卡的说法引入到网络中，指称用来养成某一习惯。而社群打卡就是用这一模式督促社群成员养成某一习惯的行为。

　　人都是有惯性的，如果每天坚持去做一件事情，那么坚持一段时间后就会养成习惯；人也喜欢亲自参与到一些事情之中，从中能体会到参与的满足感。社群打卡正是利用人的天性，在满足成员参与感的同时，让用户形成习惯，从而能够持续互动。对于自己的辛苦付出，人们会格外珍惜，因为他们舍不得在社群的沉没成本。所以社群想要提高黏性，保持活跃度，就要让成员在社群中有所付出。

　　现在很多社群都有打卡这个机制。社群打卡对社群运营者来说有什么好处？又为什么这么盛行呢？

1.让用户形成习惯

　　现在很多人都意识到了习惯的可怕之处，也见证了坚持的奇迹，希望自己能将一个好的习惯坚持下去。但因为种种原因，可能自己一个人坚持不下去，而在社群中打卡则意味着在很多人面前公开自己的宣誓和承诺，这能起到监督作用，而且效果不错。打卡会让成员养成一个习惯，能够为成员输出价值，这样就会让成员对这个社群产生依赖。

2.能随时掌握用户的活跃数据

运营者通过用户打卡的具体表现，可以了解社群的整体运营情况，随时掌握用户的活跃数据，这对运营者来说免去了不少麻烦。

3.帮助筛选用户

有了社群打卡机制后，就可以帮助运营者筛选出更加精准的用户。因为若不是真爱的粉丝，根本坚持不了多久，只有那些真正的忠实粉丝才会每天坚持打卡。根据知识圈的打卡统计，知识圈的平均完课率为68%，次日留存率为90%，七日留存率为60%，三十日留存率为30%。那些最后能坚持下来的用户，具有很高的变现率，所以要用心对待。

4.形成一种竞争的气氛

社群打卡因为公开透明，由此可以形成一种竞争的氛围。因为大家都同在一个社群，看到别人都能坚持下去，并且会获得奖励和表扬，那么自己为什么不能坚持下去呢？因为相互比较，也会将打卡进行到底。

5.裂变新的用户

如果对那些能够坚持打卡的成员进行一些奖励，不仅可以留住旧粉丝，还可能因为奖励这种吸引力，让社群成员主动帮忙拉进新粉丝，进而形成裂变的话，那么对于运营者来说，又何乐而不为呢？

对社群来说，打卡不仅会因为社群成员高质量的输出而提高社群质量，而且还能提高社群活跃度，可谓好处多多。但要如何运行社群打卡活动呢？运行时又需要注意哪些问题呢？

1.打卡制度的设置

吉吉21天打卡群在开始实行社群打卡时，由一名志愿者担任执勤人，就是做简单的表格，统计大家的打卡情况。不过因为模式单一，也缺少互动及奖惩机制，做了 4 轮后就做不下去了，只得匆匆结束。

后来吉吉担任执勤人后，向大家声明：既然是打卡群那就不能有人打卡，有人不打卡，于是她重新建群，把那些参与打卡的人留在了群中，并收取每人 100 元的打卡押金，制定了一份规则，将打卡的格式、时间、内容、数量和统计标准都进行了规范。这项规则一直沿用至今，其核心内容如下（图 5-5）。

吉吉 21 天打卡群的打卡制度

① 押金制　② 淘汰制　③ 监督制　④ 奖励制　⑤ 迭代制

图 5-5　吉吉 21 天打卡群的打卡制度

1）押金制

设置入群门槛（交 100 元押金），只有同时满足下面 3 个条件才能退还，否则押金将流入奖金池，用来奖励那些打卡优秀的人：即在 21 天内需要达到完成所报项目 19 天以上；要对这个阶段进行总结，可以是读后感、成果分享等，字数、形式不限；按照规定格式完成一次微博或朋友圈的分享，截图发回群。

2）淘汰制

只有打卡至少在 18 天以上的成员才有机会留下；成员的态度很重要，对于缺席、请假、子项未完成的都会进行扣分；有机会弥补，主动报名群执勤，为大家服务或对打卡群有重大贡献者会酌情加分。

这些规则虽然严格，但也提供了合理的弥补机会，只要想坚持还是能走到最后的。目前这个群的 21 天全勤率保持在 60% 以上。对于被淘汰的人，惩罚也是象征性的，如隔月才能继续报名参加这个活动。

3）监督制

在吉吉 21 天打卡群里，每个人的表现都会被记录下来，每个人的打卡表都会被看见和鼓励。这种被他人用心翻看的形式，让参与者有一种被关注和鼓励的感觉。

因为大家的打卡内容都是可视化的，成员们会更乐意去互动、去沟通，在活跃社群的同时，还加强了成员之间的互动。

4）奖励制

那些打卡能够坚持21天的人，都是非常希望能改变自己的人，他们有很大的成就动机，想在生命中刻下努力的烙印。

吉吉也很会把握大家的心理，在首次担任执勤的那一轮打卡中，她给了大家一个很特别的仪式感：打卡结束后，吉吉在群里举行了一场盛大的线上颁奖典礼，除"全勤奖""集体奖""诚恳奖""超额奖"外，还设置了很多别开生面的奖项，如"自定义奖"，结果出现了"最美厨娘奖""最佳逆袭奖""最励志大叔奖"等，那些精美的证书让人感到满满的成就感。

在颁奖时，吉吉还采用了悬念制，请大家竞猜获奖名单，而最后的结果也很令大家信服。颁奖礼结束后，吉吉还给大家发放了整理过的21天打卡精华总结，并按类别编辑好，如阅读书单、影单、金句收集、好用APP公众号合集等。

5）迭代制

吉吉21天打卡群的规则不断迭代升级，没有一轮的打卡规则是完全延续上一轮的，每一轮都会做一些调整，从而提升群的活跃度和体验感。群管理团队会在每一轮的运营过程中记录大家的反馈意见，在下一轮进行优化。

2.打卡的运营分工

社群打卡是一个长线且烦琐的过程。如果是主题明确、统一打卡的内容群，按照时间轴，做好纵向的管理分配就好。但如果打卡群的规则比较多，分组设置、环节丰富的话，则运营管理难度就增加了。若想要维持一个高水准，激励大家持续输出有质量的打卡内容的群，则需要管理人员投入较多的时间和精力，并且还要分工明确，配合得当。

3.打卡环境的营造

想要社群成员的打卡行为能够持续，除了需要成员的自制力，也需要有良好的群气氛。只有营造恰当的群气氛，才能让成员们的行动更加持久。

那么，怎样才能营造良好的群气氛呢？

1）榜样的力量

做任何事情都要有个领头人，打卡是个靠毅力坚持的事情。有人因为比较忙，担心自己无法完成打卡，作为社群的运营者，这时就要起到带头作用，保质保量地完成打卡，成员看到运营者的坚持，就会有加入的动力。

2）鼓励与支持

大家打卡就是为了让自己变得更好，中途也许会遇到各种事情影响进程，可能一放下就不想再开始了。这时如果有人及时地鼓励和支持，就会让成员觉得自己受到了关注，就会重新燃起坚持下去的决心。

3）气氛的营造

打卡时间久了后，大家也会慢慢疲倦。这时需要营造互相点评的气氛，形成成员间的互动。社群是个群体，人都有从众心理，群体只有产生了相应的氛围，才能互相带动向前冲。

4）竞争机制

想要发挥社群成员的主观能动性，除了鼓励和营造气氛，还要引入竞争机制，要给那些积极参与的人更多的权限或者更高的奖励，这样在提高成员忠诚度的同时还能树立多个榜样。此外，进行一些群体投票、红包奖励、精神奖励，也会促使更多的人加入打卡活动。

5）制造惊喜

新成员会有新鲜感，但是坚持久了大家的新鲜感就消退了。这时需要花心思为那些老成员制造惊喜，让他们觉得打卡不但提升了自己，而且还能有所期待。比如说对那些打卡超过一个月的人，送一次免费课程的名额，或者享有某些产品的半价优惠等。

6）情感链接

打卡虽然很机械，但是打卡群可以是个有温度的社群。比如，有人加班很晚还坚持打卡，坚持分享价值，孕妈在生娃前几天还坚持打卡，这样的例子让群成员为之感动，除了能激励大家，还能增加大家对社群的认可。

打卡也可以设立一个长远的目标，比如和公益组织合作，相约打卡 100 天、200 天就帮助一个公益众筹项目；比如约定一起打卡到白头，成为一群坚持不懈的老人。大家相约一起做一件一辈子的事情，让打卡拥有更多的意义。这种行为更能建立情感链接，同时也增强了社群黏性。

当打卡进行到一定阶段，可以有选择性地回顾那些精彩的瞬间、那些难忘的故事，要知道怀念总是容易渲染人们的情绪。

玩转红包，点燃社群

　　大家都有在群里抢红包的经历吧？但是抢完之后，是不是群又归于平静了？为什么有的群即便有红包的刺激，也还是无法活跃起来呢？主要是因为大多数社群只停留在"抢"字上，却没有利用好红包彻底激活社群的活跃度。

　　怎样才能玩转红包，让社群真正活跃起来呢？

1.发红包要师出有名

　　有的社群运营者为了激活群的气氛，喜欢没事就发个红包，但是通常大家都是默默抢完红包后就走了，那些没有抢到红包的会吵吵闹闹，让运营者再补发红包，如果不发就愤然离场，最后这个社群不幸沦为一个"红包群"。

　　虽然红包可以点燃会员激情，但也不是这样乱发一气，每次发红包要师出有名，比如在一些节日（如中秋、国庆、春节）等喜庆的日子发发红包，让大家一起乐一乐，开心开心，从而让成员感受到浓浓的关怀。这时发红包，我们可以根据不同的节日写些相应的祝福语，会更加有意义。比如中秋节可以来一个"快乐答题发红包"的小活动，如"填空：名扬古今（　）外，情溢春夏（　）冬，若是（　）马加鞭，定能（　）在其中。"答案"中秋快乐！"

　　红包与节日相结合，能够让社群成员感受到红包的情感分量。同时，如果在社群里再增加一些节日的仪式感，效果会更好。比如中秋节可以在群里举行一个评选"最美一家人"的活动，让成员晒出一家人团聚的照片，然后让大家评选出"最美一家人"并给予相应的奖励，会更能激起成员的互动，增加大家对社群的情感。人都是有感情的，社群里有了情感的植入后，社群成员会更加依赖社群。

2.红包要么够多，要么够大

社群里发红包的目的主要是为了活跃气氛，所以需要适当设置红包金额和个数。一般情况下，金额不用太高，主要是让大家都能有份。群里的红包，一般采取多人随机分配的方式，尽量去激活群里的整体气氛。

不过强调一点，因为抢红包也需要付出时间和流量，也是有成本的，那种一分钱的红包是不受欢迎的。不过也不要发那种大红包，因为无功不受禄，无缘无故让别人抢大红包，对于有底线的人来说，也是一种负担。如果是陌生人多的群，也不要随意发大红包，没有前期感情的累积，你发再多的红包也只是浪费。

红包要去抢才有意思，所以一般500人的群，可以设置50个红包就好。如果群的规模很小，并且大家都是朋友，可以设置成每人都有，抢到多少则是运气。

3.专属红包

如果群里有人做出了特别突出的贡献，可以在群里发个定向红包奖励一下。对于那些平时默默对群无私奉献的成员，可以在一个特殊的日子发个专属的大红包，让那些坚持付出的人知道自己的付出也是有回报的；对于那些工作干得漂亮的成员，如果想要激励，就尽早用红包奖励；对于群里有遇到喜事或者麻烦事的，也可以发个专属红包表示一下。不过，对于专属红包，发的时候也需要注意，有时也可能会被那种脸皮比较厚的人抢去。

4.用红包去连接

如果你想与大咖产生交流或得到他们的关注，红包是个有效的武器。在看到心仪的大咖发表的好文章时，不妨就用简单粗暴的方式——给对方发个大红包，发了几次后，大咖自然就会注意到你，这时再产生连接就容易多了。毕竟大咖也是人，对于大红包的赞赏也会印象深刻，并且拿人家的手短，因而会更容易答应建立连接的。

5.选准时机发红包

发红包也要注意时间。有的人发红包不注意时间，一大早就开始发红包。其实早上发红包效果不好，因为大家抢完红包就去工作了，根本没有时间在群里进行互动。还有正常休息前最好不要发红包，因为会诱惑很多睡不着的人也参与到抢红包中，进而影响其他成员的正常休息。

一般情况下，中午和下午快下班的时间，以及晚上9点以后的时间，大家比较闲。另外节假日时大家的空闲时间也比较多，这些时候发红包的效果比较好，抢完红包后大家能够互动一会儿，群里也会显得很热闹。

6.巧设规则，红包变激励

有时群里为了激活气氛，也玩儿一些红包接龙这样的游戏，比如手气最佳的人发红包，然后依次发，这样一个红包接龙可以玩很久，不过这只是娱乐，不要当成赌博。

此外，还可以在群里设置一些好玩的红包规则，让每个红包都有自己的意义。像广告红包就是发广告的话就要发红包；分享红包就是邀请人在群里进行分享，分享结束后如果你觉得讲得好就用红包打赏；任务红包就是群里规定的任务，没有完成的成员要发红包作为惩罚；禁言红包就是让那些违反规则插话的人发红包；专属打赏红包就是对那些任务完成得好的人的专属奖励。另外，通过打赏优秀的人，也能激励其他成员的努力。

发红包是活跃社群的一个很好的方法，运用得当会产生意想不到的效果。红包要变着花样发，这样成员才有新鲜感，也能激发成员的活跃度，让成员与社群的感情链接越来越好。

不要养成社群里总是群主在发红包的习惯，这样大家就会形成一种意识，觉得理应如此。其实好的社群是大家相互发红包才有气氛。为了培养气氛，可以在社群里设置一个打赏官，看见好人好事就打赏，这个打赏官不要安排那些高势能的人，可以安排一些普通的人，如果是萌妹子就最好了，可以活跃社群气氛，形成社群成员相互打赏的氛围。

▼

第六章　互动为王，内容为主

社群内容的重要性

内容是社群价值的重要体现，也是社群运营的基础。一个社群如果缺少内容，就会显得单调乏味，缺少吸引力，无法满足大多数社群成员的需要。对于运营者来说，想要让社群变得充满活力，首先就得让自己的内容变得丰富起来。

社群内容需要根据社群自身的属性来创作，这其中既包括社群成员的属性，也包括社群成员的需求。运营者需要综合考量各方面的因素，合理配置社群内容。

当一个社群拥有了优质内容之后，社群内容的传播就会更加广泛。伴随社群内容不断向外传播，社群的影响力也会随之扩大，进而形成品牌效应，从而吸引更多成员加入到社群之中。

当前市场上，大多数知识分享类社群在内容输出上表现得越来越乏力。这在很大程度上是由于社群活跃人数不足所引起的。而反推过来，社群活跃人数之所以不足，原因又会归结到社群无法输出优质内容上。

看上去这似乎构成了一种循环，而且是那种不好解决的无限循环。在知识分享类社群中，运营的目的就是让社群成员更多产出一些优质内容，无论是单纯的内容分享，还是独家的经验总结，都是很不错的内容。但当社群成员活跃度降低到一定程度时，无论是内容分享，还是经验总结，在获取上都是比较困难的。

在此前一段时间，微信公众号进行过一次大面积整改，整改的主要焦点就是恶意刷量问题。从微信公众号诞生至今，其经历了许多不同的阶段，到现在，微信公众号已经成为构建微信社群最为主流的媒体平台。

在较长一段时间中，微信社群运营在内容为王这条道路上渐行渐远。现如今，一场整改之风扫过之后，微信社群的运营者们又重新发现，社群运营还是应该以内容为主。优质内容的确可以为社群带来很高的价值，但很多时候，运营者并不知道优质的内容运营应该从何入手。对于内容运营，社群运营者应该有一个清醒的认识，尤其是知识类社群的运营者，应该给予格外重视。

运营者在进行内容运营时，应该首先明确两个问题：一是自己能够呈现出什么内容；二是社群成员需要什么样的内容。

第一个问题是从运营者自身角度出发提出来的，第二个问题则是从社群目标成员角度出发提出来的。如果这两个问题的答案能够完全吻合，那么社群运营者在做社群内容的时候就会很轻松，还很有针对性，在具体效果上也会很明显。

我们来列举一个例子，这个例子在后面也会应用到。我们以吴晓波频道为例，来解构这两个问题。

吴晓波频道是一个拥有清晰运作模式的内容变现社群，其内容质量是有目共睹的。吴晓波频道之所以能够获得众多用户青睐，就是由于它能够为用户提供持续性、高品质、专业化的内容。吴晓波通过高度专业化的内容，在细分市场中树立起了自己的风格，吸引了大量粉丝关注。

在一次演讲中，吴晓波曾提到，社群运营者需要注意三个方面的问题：一是要做有态度的内容，聚集起人气和共鸣；二是要做圈层化互动，让社群产生大规模互动，能够帮助创业者价值得到反馈；三是从共享中互利，即每一个社群成员都是获利者，也应该是贡献者，通过共享和互利，会让社群变得更加长久。

这三个方面的问题其实是彼此承接的，因为能够产出有态度的内容，所以能让社群爆发出大规模的互动圈层效应，最终推动社群成员通过共享来互利。这是一个良性的社群运营循环，这样的社群运转才是健康的、正常的。从中也可以看出，内容是一切社群活动的主要驱动力量，其在社群运营中处于核心地位。

在内容运营方面，罗辑思维也是一个典型的成功案例。罗辑思维从做内容起家，在不断发展过程中，又对自身内容进行了一定程度的变革。从其市场表现来看，这种变革是较为成功的，而在具体操作上，能做到这点其实很不容易。

罗辑思维的主要受众是"80后""90后"的年轻人，其以"读书""求知"作为内容的出发点，这一定位十分符合其主体用户人群喜好。在内容输出方面，无论是罗振宇每天的 60 秒音频分享，还是其公众号发布的内容，都拥有较为丰富的价值。依托于自身对知识的加工能力，罗辑思维通过内容运营成功实现了社群裂变。

现在，罗辑思维推出付费制度，使得原有的知识分享社群开始逐渐向商业社群转变。相应地，其所产出的内容也出现了很大变化。《逻辑实验》图书包、罗辑思维全国巡讲等新的内容形式开始成为罗辑思维的主打内容。相比于之前的内容，这一系列内容具有明显的商业化特征，也是一种利用自身品牌影响力来实现内容变现的方法之一。

顶尖的社群运营者在做内容时，看上去似乎不费吹灰之力。但对于大多数运营者来说，想要做好内容，却并不容易。

一方面，每个社群中的社群成员所关注的内容可能都不一样，即使是同一细分领域中的成员也是如此。在一个职场经验分享社群中，成员 A 所关注的可能是"如何通过跳槽实现工资翻倍"，而成员 B 所关注的则可能是"如何通过升职实现自我价值"，这就会使得社群运营者不好去平衡不同成员对内容的需求。

另一方面，一些运营者为了平衡不同成员对内容的需求，选择用固定主题的方式去做内容。比如，在一周七天时间里，周一安排一个主题内容，周二安排一个主题内容，一直到周日，每天都会有不同的主题内容，这样就能让不同成员的不同需求得到满足。但这样做又会出现另一个问题：每天更换一个主题，很容易导致用户的注意力不够集中，无法聚焦。同时还可能会因为话题分散，导致社群活跃度不足。此外，运用这种方法还会让运营者失去重点，无法引导用户产出足够有价值的内容。

这种方式的内容运营更像是日常社群管理，而不能算真正意义上的社群内容运营，不仅社群成员没有焦点，而且连社群的运营者都找不到可以聚焦的地方，因而这种内容运营很难取得好的效果。

从当前社群内容运营的整体现状来看，其中的一个显著特点就是，社群运营者都知道内容运营的重要性，但却无法做好内容运营的工作。如果细究其中的原因，又会发现大多数运营者在内容运营上的工作并没有出错之处。

这似乎是一个难以解决的问题。但对于社群运营者来说，一旦必要的内容运营失去了效果，整体的社群运营也就很难取得效果。想要解决这一问题，运营者需要按部就班地一点一点地寻找原因和解决办法。而社群运营者需要做的首要工作，就是对社群的核心内容进行定位。

定位社群核心内容

社群运营的核心是内容运营，那么内容运营的核心是什么呢？如果说内容运营的核心是内容，这种表达可能不专业，而且似乎有些没有意义。但实际上，内容运营的核心确实在内容上。

做好内容才能做好内容运营，这是根与植物的关系，只有根系强韧，植物才能旺盛生长。内容是核心，运营者想要做好内容运营，就要定位好内容这个核心。但实际上，大多数社群运营者都没有聚焦好内容这个核心。

一些运营者认为聚焦内容核心在操作上比较困难。但其实，真正找到方向后，做社群内容也没有那么困难。一般来说，运营者在做内容运营时，可以从下面几个角度入手（图6-1）。

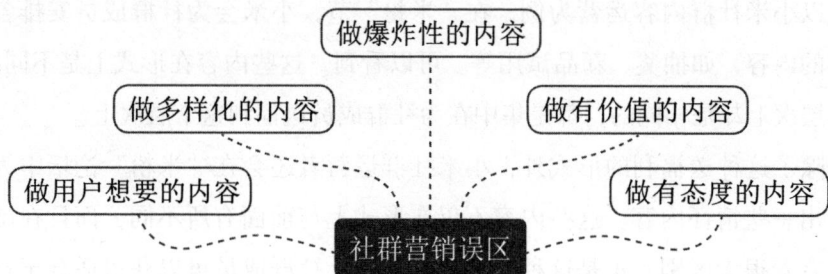

图6-1 社群的内容选择

1.做用户想要的内容

互联网如一阵飓风席卷整个世界，其虽然没有改变人类的本质，但却显著改变了人类的行为方式和生存方式。在这之中，人类阅读习惯和行为习惯的改变较为显著，它们随着信息传播渠道的变化，发生了很大改变。

随着移动互联网的兴起，碎片化阅读让人类的专注度不断下降，注意力开始变得稀缺。因此，对于运营者来说，想要抓住用户本就稀缺的注意力，就需要找到与用户口味和需求相对应的内容。

在信息大爆炸的时代，用户的注意力被四面八方传来的信息所吸引。想要将用户的注意力吸引到自己的社群之中，就需要运营者将自身的社群内容与社群成员的需求紧密联系在一起。

在合乎法律法规要求的前提下，用户想要什么内容，就给用户提供什么内容。一般来说，清晰、有趣的垂直内容比较容易受到用户喜爱，多样性的内容也比较容易被用户所接收。在具体内容的甄选上，运营者需要根据自身社群的实际情况来确定。

2.做多样化的内容

大多数成功的社群都有一个共通特点：那就是他们在内容运营上并非是单一的，而是非常丰富和多样化的。社群成员可以在丰富和多样化的内容中获得各种各样的收益。这种内容的多样化，不仅是内容形式的多样化，而且更多则体现在内容层次上的多样化。

以小米社群内容运营为例，在"米粉"节，小米会为社群成员安排各种各样的内容，如抽奖、新品试用等。可以看到，这些内容在形式上是不同的，但在层次上却是相同的，都是集中在为社群成员送福利这个层次上。

除了这种送福利的形式外，小米社群运营者还会在"米粉"论坛中为粉丝送出一些情怀内容。这些内容不仅在形式上与前面有所不同，而且在层次上也有着很大区别。正是这种层次上的差异让社群成员可以获得适合于自己的内容，同时也更能够加深社群成员与社群间的情感链接。

3.做爆炸性的内容

想要吸引社群成员的注意力，就要多为他们提供一些爆炸性的内容。所谓爆炸性内容，就是让社群成员感到惊讶或是感到惊喜的内容。总之，就是让人意想不到的内容。这些内容出现在社群中时会迅速成为爆点，促使社群成员纷纷对外传播。

这种做内容的方式讲求先一鸣惊人，再持续稳定。最初用具有爆炸性的内容来吸引社群成员，扩大社群规模，随后再依靠优质社群内容来留住社群成员。这一点与网络传播中的"炒作"有很多相似之处。

社群的内容运营也离不开"炒作"，但却不能一味依赖于爆炸性内容。爆炸性内容虽然能够迅速吸引关注，却无法长久留住社群成员的注意力。所以，运营者想要持久抓住社群成员的注意力，需要创造出优质内容才行。

4.做有价值的内容

什么样的内容才算是有价值的内容？这一点并不好回答，至少从普遍意义上来说，内容是否有价值并不容易衡量。

对于运营者来说，有价值的内容并不是对社群成员宣扬自己的社群有多好，也不是向其他人表现自己的社群有多优秀，而是要真正为社群成员提供一些有意义的东西。这些东西必须是真正有用的，不仅能够满足社群成员的需求，而且还要能帮助社群成员获得长远发展。

想要做有价值的内容，需要从社群自身和社群成员两个角度去考虑。

运营者首先需要从社群自身的定位和目标出发，去考虑内容创作。细分的垂直领域社群，在进行内容创作时，除了要立足于细分领域外，还需要多一些内容的创新。这样做主要是为了与其他同类型社群区分开来，在众多社群竞争中脱颖而出。

内容的创新可以是形式上的，也可以是内容本身的。相比于形式上的创新，从内容本身出发进行创新，价值和意义会更大一些。尤其是一些知识分享类的社群，如果运营者在社群中每天推送的都是一些能够在互联网上轻松搜索到的内容，那么这些内容是很难吸引到社群成员的。真正有价值的内容是给社群成员提供"干货"，在同类型社群之中，哪个社群运营者的"干货"更好，哪个社群就能发展得更好。

社群内容最忌讳搬运和抄袭，搬运的内容自然是缺少价值的，抄袭的内容不仅毫无价值，而且容易引起社群成员的反感。因此，在社群内容创作上，运营者一定不能存在搬运和抄袭的行为，这种行为将会对社群内容运营造成毁灭性的打击。

5.做有态度的内容

在内容方面，运营者一定要表达出自己应有的态度。"一千个读者会有一千个哈姆雷特"，其原因就在于每一个读者都有自己的脾气秉性和态度，在这种态度的作用下，才解读出了许许多多不同版本的哈姆雷特。社群成员有态度，社群的运营者更应该有态度。

运营者的态度在内容上的最主要表现就是内容的风格。这一点从大多数社群中都可以看到：樊登读书社群所主打的内容风格是聊天式的读书方法，而毒舌电影社群所主打的内容风格则是专业尖锐的影视评论。正是因为拥有独特的内容风格，这些社群才能在残酷的竞争中生存下来，并逐渐发展壮大。

社群内容运营作为社群运营的中心环节，对运营者的要求并不是简简单单的每天为社群成员推送内容。在这个环节中，运营者可以自主操作的细节有很多，而正是这些细节决定了社群内容运营的效果能有多大。

当然，内容运营最终还是要回归到内容本身。如果内容的质量不达标，内容缺少意义和价值，即使细节部分做得再好，内容运营也很难取得效果。所以，对于运营者来说，找到社群的核心内容是内容运营的根本。

让用户创造社群内容

当前，完全由运营者或运营者团队去创造内容的社群依然有很多。专业的内容运营者能够更好地把握内容方向，保持内容质量，但完全由运营者或运营团队来创造内容，很多时候会造成一种不好的效果，那就是内容与社群成员间存在距离感，社群成员只充当看客，很少会为社群创造价值。

如果为社群发展制定一套"可持续发展战略"的话，社群成员自己创造内容无疑是一条重要的方法。让核心成员创造有价值的内容，再让他们将这些内容传播出去，吸引更多社群成员，这些新加入的成员再逐渐发展成核心成员，再去创造有价值的内容。由此，社群内容运营就会进入一个良性循环之中。

当前，细分的垂直领域社群已成为主流的社群形式。在这种类型的社群中，社群成员创造有价值的内容是十分常见的。在这里，我们有又会涉及 UGC 这个概念。

在互联网上，每个用户都可以自己生产内容，而互联网上的绝大多数内容也都是由用户创造的。可以说 UGC 对人类知识的传播和积累起到了一个很大的推动作用。但同时由于每个人都可以生产内容，因此不免会出现一些错误、虚假或片面的内容。为此，在社群运营中，UGC 应受到一定限制。

简单来说，这种限制可以表现在两个方面：一是通过社群成员层级来限制；二是通过社群运营者来限制。

通过社群成员层级限制的方法很简单，运营者只需要在社群的规章制度中加入相应要求，规定只有核心社群成员才可以在社群中产出内容。这样就能够避免其他不够专业的社群成员产出错误、虚假或片面的内容。

通过社群运营者来限制的方法同样很简单，运营者需要对社群成员产出的内容进行审核。对于那些优质的有价值的内容进行传播推广，而对于那些错误、虚假或片面的内容则进行销毁，防止其继续传播，同时，对相应的社群成员采取一定的奖惩措施。

从这两方面便可以确保 UGC 能够在社群中起到正向的积极作用。一般来说，细分的垂直领域社群更容易去做 UGC，而这之中的个别社群尤其适合通过 UGC 的方式来做内容运营。

1. IT社群

这类社群最适合做用户内容创作。由于这类社群的入群门槛较高，所以社群成员的专业化程度也比较高，较强的专业能力能够成为内容创作的重要保障。由于大多数社群成员都很了解相关知识内容，所以社群交流的活跃度也很容易得到保障。

2. 书评、影评类社群

这类社群同样适合做用户内容创作。书评和影评社群本就是汇聚百家之言的地方，如果在社群中只是运营者一味地输出内容，这个社群就失去了存在的意义。在这类社群中，成员们对同一部电影或图书会产生多种多样的评价，而这之中又会有很多成员愿意将这种评价记录下来并表达出来，这就成为了用户内容创作的基础，同时这种内容创作还会引发其他人的评论，从而带动社群活跃度的提升。

3. 体育、消费类社群

相对来说，这两类社群在用户内容创作上要比前面提到的几类社群稍差一些。之所以要将这两类社群放在一起，是因为这两类社群中的成员都非常喜欢表达。这种表达也可以理解为一种内容创作。相比于足球社群的以吐槽为主、科普为主，消费类社群则更多会分享购物心得及优质物品。

相关的社群还有很多，之所以列举上面这些例子，是为了表明用户创造内容这条道路在社群内容运营中是走得通的。而且在很多时候，它还会成为与运营者创造内容并驾齐驱的主要内容运营方式。

确定了社群内容运营的主要方式，下一步运营者需要考虑的就是如何让用户去主动创作内容。相比于运营者自身为了运营去创造内容，社群成员并没有主动创造内容的动力。因此，一些激励措施是必不可少的（图6-2）。

图 6-2　社群内容创作的激励措施

1.退还会费

对于主动创造内容的社群成员给予退还会费的物质奖励，可以说是最为直接的一种激励措施。不过，相比于其他形式的物质奖励，退还会费的物质奖励很难持久应用下去，因为如果一个社群成员通过创造内容拿到会费了，那么他可能就不会再去创造内容了。

为此，将物质奖励和社群内容生产结合在一起，才是一种更好的内容运营方法。简单来说，为社群内容创造者提供阶梯式奖励，从退还会费到给予奖金，根据传播影响力确定奖金的不同层级和数量多少。这种方式能够提高社群成员内容创作的积极性，也能够提高其内容创作的质量。

2.内容众筹

相比于退还会费这样的物质激励，还有一种偏于精神上的激励措施，就是内容众筹，即社群成员共创内容、共享内容成果。

社群运营者可以针对特定内容发起众筹，让社群成员提供文案和创意，随后将所有社群成员的文案内容汇集在一起，再返还给全部参与内容众筹的成员。

这种内容众筹的方式由于门槛低，所以每一个社群成员都可以参与其中。此外，通过这种方式，每个参与内容众筹的社群成员都可以获得所有内容，由此可以达到收益的最大化。同时，这种方法能够让运营者获取优质内容的时间缩短，耗费的精力也要少很多。

3.用户反馈

用户反馈即利用用户反馈信息作为内容。在社群运营过程中，社群成员的交流、讨论和反馈都可以成为社群内容的重要来源。运营者应该善于抓住社群成员表达的信息，同时着力去引导社群成员进行交流和讨论，挖掘出其中的精华部分作为内容的素材。

当运营者打开社群成员的"话匣子"之后，社群成员自然会不断产出内容。在这个过程中，运营者只需要适时引导、纠正并把握内容方向就可以了。最好不要打断社群成员的内容生成，以便让更多社群成员加入到内容生成之中。

社群内容运营需要运营者结合社群自身实际情况，从多个方面去考虑。运营者要发挥主观能动性，同时还要学会调动社群成员去发挥想象力与创造力，共同输出有价值的内容。让社群成员感受到参与感、体验感和荣誉感，这样才能更好地与社群成员打成一片，让社群成员更有内容创作的欲望。

以用户思维做内容运营

在新媒体运营中，文案能力决定着新媒体运营的最终效果。在社群运营中也是一样，一篇好的文案不仅能够为社群运营者带来 10W+ 的点击量，同时也能带来大量社群关注者。

前面我们讲到要让用户去创造社群内容，但站在社群运营者的角度来看，想要创造出爆款的内容，还需要对内容进行精心策划。其中，相比于用户内容的传播，由运营者所主导的内容传播更具针对性，也更有影响力。而在传播效果方面，则需要根据具体内容来确定。

那么究竟什么样的内容才是大多数用户喜欢的呢？什么样的内容才能够引起别人转发呢？为什么别人写的很普通的文章点击量很高，自己认真写出来的文章却没人关注？运营者在内容运营上的问题多种多样，我们也很难找到一种完善的方法去解决全部问题。在这里，我们只从内容和标题两个方面来谈一谈内容运营要怎么做。

在此之前，我们首先需要谈一下用户思维中的参与感问题。在前面的章节中，我们曾提到过参与感这个概念。在这里，我们主要来说一下参与感对社群运营的影响。

首先，社群成员参与感强，就意味着活跃度和积极性较高。这样的社群成员不仅会积极参与社群活动，而且还会自发组织一些活动，为社群做出积极贡献。参与感较强的社群成员，甚至会自己去解决社群出现的问题，这将极大减轻社群运营者的负担。

其次，增加社群成员参与感能够弱化社群中心，让社群每一位成员都能够表达出自己的意愿。真正的社群本就应该是人人平等的，每个人都有权利参与其中。

最后，让社群成员参与到社群之中，能够更好地了解社群成员的真实需求，同时也能让社群成员更好地了解社群的理念。

可见，对于运营者来说，提高社群成员的参与感能够促进社群健康发展。而提高社群成员参与感最主要的方法就是从用户思维角度出发做内容运营。运营者应该首先了解内容是如何对社群成员产生吸引力的，或者说应该先搞清楚内容对于社群成员产生吸引力的来源在哪。

一般来说，我们可以将吸引社群成员的内容分成以下几个方面。

1.对社群成员有用

当社群成员在浏览社群内容时，会首先选择那些对自己有用的内容。比如说在一个影音类社群中，社群成员 A 想要寻找一部欧美大片的资源，正巧社群运营者发布了这部欧美大片的介绍，同时还附带磁力链接。可以说，这一内容正好切中了社群成员 A 的需求，毫无疑问，这位社群成员会点击运营者发布的这条内容，还可能会在下载完内容后将这个内容转发出去。

这样一来，运营者不仅吸引到了社群成员的关注，而且还扩大了社群内容的传播范围。这就是选对了内容所产生的效果。试想，如果运营者在当时若发布了一部日本动作片的介绍和链接资源，那位社群成员就很可能会无视这一内容。

2.和社群成员有关

人们在做事情的时候，往往会关注与自己相关的事情。社群成员在选择社群内容的时候，也会选择与自己关联度较大的内容。

举例来说，如果社群成员是一位微商，那么当他看到运营者发布的《微商致富只有一条路》的内容时，一定会点进去阅读内容。如果文章所述的观点与社群成员的观点相吻合，他就可能点赞或转发这篇文章；如果文章内容与他的观点相左，那么他很可能通过评论的方式去表达自己的观点，甚至抨击文章观点，如此一来，就扩大了社群内容的传播半径和影响力。

此外，一些在社群成员沟通过程中的话题，也会吸引社群成员参与其中。比如一群人在谈论企业歧视非"双一流"高校毕业生时，如果社群中某位成员正巧也是非"双一流"高校毕业生，那他很可能会加入讨论之中，同时还可能邀请更多成员加入讨论，这样社群中的话题参与度就会得到提升，社群成员的活跃度也会大大增加。

3.趣闻八卦

除了基本的学习和生活需求外，社群成员还有娱乐需求。特别是一二线城市的人，由于在工作中承受的压力普遍较大，所以在空闲时间更喜欢看一些娱乐八卦信息。因此，在社群中，运营者可以推送一些娱乐八卦方面的信息，除此之外，还可以发布一些趣闻内容。

这些内容对社群成员普遍具有较大的吸引力。但要注意的是，这些趣闻八卦内容不应该成为社群的主要内容。社群内容的创作应该从社群目标和定位出发，趣闻八卦内容只适宜占据较少部分。

从以上可以看出，在内容设置方面，运营者可以从三个方面出发：选择那些对社群成员有用的、与社群成员有关的或是一些趣闻八卦的内容。这些内容能够更好地吸引社群成员关注，同时还会更好地在社群中传播。

上面提到的是社群运营者在内容设置方面的一些考量。而在内容的标题上，运营者同样可以通过一定方法，来吸引社群成员的注意。相较而言，标题是一种更为直观的内容。用户在筛选信息时，最直观的判断依据就是标题，如果觉得标题不好，他们可能直接会过滤掉其中的内容。所以说，用好标题也是社群内容运营的一个关键。

在起标题时，社群运营者可以从以下几个方面入手，根据自身实际情况加以选择（图6-3）。

1）具体化标题

这种起标题的方法是少用形容词和名词，要具体表述文章内容。在信息泛滥的今天，社群成员根本没时间去分析标题，如果第一眼看上去不是自己需要的内容，就会很容易过滤掉这些内容。

因此，文章标题中要突出重点内容，这样可以更好地抓住社群成员的注意力。当社群成员被标题内容吸引之后，就会去点击相关内容，这样文章内容的阅读量就会提高。使用这种方法时要注意关键词的提炼和设置。

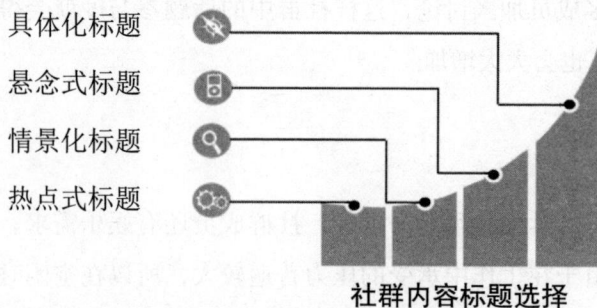

具体化标题
悬念式标题
情景化标题
热点式标题

社群内容标题选择

图 6-3 社群内容标题的创设方法

2）悬念式标题

最有效果的标题就是留有悬念的标题，这种标题能够最大程度地吸引社群成员的注意力。即使社群成员已经见多了这种标题，他们也依然会在好奇心的驱使下阅读里面的内容。此外，运营者也可以使用一些疑问句作为标题，如果这一标题切合社群成员的需求，他们也会点进去观看里面的内容。

3）情景化标题

社群中的内容标题并不怕长，大多数长标题往往都是情景化标题，这些标题相当于一个小故事，其中的戏剧化效果，会吸引社群成员关注。

相比于长篇大论的文章，人们更喜欢听故事。在创设情景化标题时，可以制造强烈反差，这样可以让标题更具有故事性。这时候，读者就会好奇标题中省略的内容，然后点开标题观看其中的内容。比如"55 岁单亲妈妈，从零开始创业，现公司市值上亿"这一标题，就能够让社群成员很想去了解标题背后发生的故事。

4）热点式标题

蹭热点是创设标题的一个好方法。相比于平铺直叙的标题，用热点内容作为标题可以很好地起到吸引读者注意的目的。

此外，也可以使用名人的观点或是曾经说过的话作为标题。由于这些名人本身就有很多关注者，而且名人的观点更容易让人接受，因而大多数人也更愿意去深入了解这些内容。所以在创设标题的时候，可以使用这种方法来吸引阅读。

以用户思维去做内容运营，就是要从社群成员的需求角度去考虑怎样做内容。这是一种简单高效的内容运营方法，可以让社群运营者在做内容运营时，更有方向感、更有条理性。

我们说社群运营是一项系统而复杂的工作，就是因为需要将所有方向的运营都结合起来——将用户运营与内容运营相结合，将用户运营与活动运营相结合，所有环节的运营都需要统一在社群运营之中。而在所有运营环节中，内容无疑最为重要，是一个需要运营者格外用心去运营的环节。

以IP为核心的社群模式

谈到细分的垂直领域社群，一个躲不过的概念就是 IP 社群。在当前社群营销市场中，这种商业模式不同于以往的公司和组织的商业形态，而是将个人作为交易入口，通过微信等平台的巨大流量，塑造出个性鲜明的人物形象，或是内容风格，吸引特定人群关注，进而形成社群，然后直接向粉丝进行产品和服务的销售。

上面一长串的内容介绍归结在一起，就是 IP 社群的商业运作模式。如果不理解其中的细分概念，看一下罗辑思维就明白了——通过将终身学习者作为目标粉丝，以微信聚集大量目标受众，然后再去销售图书、贩卖知识产品——这正是典型的 IP 社群模式。

在了解这种社群模式前，我们要首先了解一下 IP 这个概念。

如果在 2015 年以前提到 IP，大多数人都会认为这是在说互联网的 IP 地址。但现在再说 IP 这个词，大多数人能想到的却是知识产权。

IP 并不是完整意义上的知识产权。那么 IP 到底是什么呢？其实，一直到现在，IP 也没有一个明确的公认定义。曾有人说："判断一个内容是不是 IP，只看一个标准，就是它能否凭自身的吸引力，挣脱单一平台的束缚，在多个平台上获得流量，进行分发。"

IP 很火，而且会越来越火，对于这一现象，罗辑思维的罗振宇认为有三点原因：

首先，人人都需要存在感。对此他说道："这个世界已经不再像一座金字塔有高下之分，而且越高就越窄；这个世界已经是一盆仙人球，表面积越来越大，只要找出任何一个点，扎出表面，就都能成为一根傲然迎风的刺。如果非要有成绩单，那每个人都是学霸，换个角度，每个人又都是学渣。这就是 IP 热的时代背景。"

他认为，从商业角度来看，一个 IP 的背后只要有一小撮人追随，那么它在商业上就能够开花结果。而从个人角度来看，人人都想要刷出自己的存在感，这正是 IP 很火热的一个重要原因。

其次，人人都要"社交货币"。在这里，罗振宇列举了俞敏洪曾提到的一件往事。当年，俞敏洪从农村来到城里的大学，发现同学们都在谈论《第三帝国的兴亡》，但他因为没有读过，所以插不上嘴。随后俞敏洪跑到图书馆一顿读书，当他回到宿舍要和同学们聊《第三帝国的兴亡》时，同学们已经聊别的了。

为此，罗振宇总结道："不为无益之事，何以遣有涯之生？所谓无益之事，之所以是有益的，就是因为它能凝结人们的共同想象，对内能呼应我们作为社交动物的基因本质，对外能达成更大规模的社会协作。"

最后，商业交易的世界会打开第三个入口。罗振宇认为这才是人们谈论 IP 现象的主要原因。IP 并不是一个商业的局部现象，而是一个即将构成全局性影响的现象。在未来 IP 会是什么？罗振宇给出的回答是"真实世界的商业入口"。

从这里可以看出，IP 是极具商业价值的。现在回到社群营销之中，我们认为社群营销中的 IP 可以是内容，也可以是现实中的人。

人可以被互联网赋能，成为交易的新入口，尤其是那些在专业领域中具有发言权的人。这些人往往被称为 KOL 或意见领袖，如果再继续深入发展下去，这些人就会变成 IP。

不论在哪个领域，这些人格化 IP 都能够通过互联网凝聚一部分人，然后组建自己的社群，并通过大量互动增强粉丝黏性，实现商业变现，这正是 IP 社群的主要商业模式。

那么一个社群运营者要如何构建自己的 IP 社群呢？一般来说，运营者可以按照以下几个步骤去实施（图 6-4）。

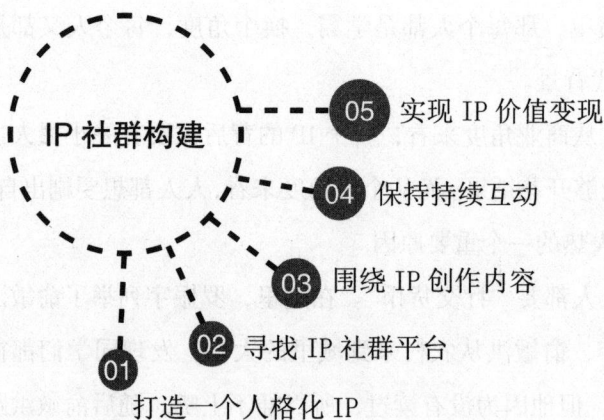

图 6-4　构建 IP 社群的步骤

1.打造一个人格化IP

万事开头难。IP 社群运营的开头可以说是整个运营环节最难的地方。想要打造人格化IP，首先需要找到一个人，这个人需要在某一细分领域中具有一定的发言权，也就是意见领袖。

下面我们来看几个例子。

在凯叔讲故事公众号社群中，凯叔王凯就是这样一个人格化 IP。在 2013 年离开央视之后，王凯签约光线传媒成立了自己的工作室。而毕业于中国传媒大学播音系、中国最年轻的小说演播艺术家等头衔，也显示出王凯在这方面有着足够专业的资质。

在企鹅团社群中，醉鹅娘王胜寒则是绝对的 IP。毕业于美国布朗大学和法国蓝带葡萄酒管理专业的她，对于红酒品鉴有着独到的见解。凭借着法国蓝带的专业背景，以及独具个性的红酒评论，其所创作的葡萄酒网络视频节目《醉鹅红酒日常》获得了广泛关注。

社群运营者可以发掘自身的专业能力及素养，也可以寻找相关领域的意见领袖展开合作。拥有了意见领袖之后，打造 IP 就会简单很多。但这并不是说，从意见领袖到 IP 就是水到渠成的事情。因为在打造 IP 的过程中，运营者还需要做好很多工作。

2.寻找IP社群平台

找到了 IP 之后，就要选择合适的平台去建立社群。从当前市场环境来看，各大平台上的流量红利已经消失，运营者在平台选择上的空间并不大。

在选择完平台之后，还要寻找专业团队去做运营和推广工作。注册账号、推送文章的操作每个人都会，但仅仅这样是无法成功建立起 IP 社群平台的。

3.围绕IP创作内容

选择好平台后，最为重要的就是制造内容。制造内容的方式有很多，但一定要围绕 IP 来创作。通过内容创作可以吸引到精准粉丝，以 IP 为核心创造出优质内容，并通过多种渠道进行分发。

这样就会有越来越多的精准粉丝看到相关内容并加入到社群之中。围绕 IP 创造的内容质量越高，粉丝对社群的黏性就越强，这将会为后续的内容变现提供强大助力。

谈到内容创作，可以说，优秀的内容是 IP 形成的核心，也决定了 IP 的本质。优质的内容应该具备可传播性、可衍生性、可持续性和可识别性等特征。满足了这四个方面特性的内容，才能够让 IP 发挥出应有的价值。

4.保持持续互动

为了让 IP 社群不断产出价值，单纯的输出内容显然还不够，社群运营者还需要经常与粉丝保持互动。当然，这些互动也需要围绕 IP 来展开，其可以分为线上互动和线下互动两种。

相比于线上互动，多做一些线下互动，效果会更好，同时也更容易与粉丝建立起较强的链接。很多社群之所以不活跃，就是因为单纯去搞内容，没有注重与粉丝互动，而在这种基础上就急于直接变现。由于这时的粉丝与社群感情还不稳固，直接变现不仅效果差，而且还很容易让社群突然死亡。

5.实现IP价值变现

如果粉丝与社群 IP 之间的情感链接已足够深厚，那么无论是卖什么东西变现，都是很轻松的；但如果粉丝与社群 IP 之间的情感链接不足，那么变现就会显得比较困难。

所以在变现之前，运营者应该做好粉丝运营的工作，无论是从内容上还是从活动上，都需要与粉丝建立起深厚的情感链接。

IP 社群作为当下最为火爆的社群模式，已经成为众多运营者所追求的商业模式。当前市场上已经出现了许多成功的 IP 社群，但这并不意味着每一个做 IP 社群的运营者都可以通过同样的方法取得成功。IP 社群运营过程中同样会遇到很多困难，对此运营者需要做好十足准备之后，再开始去做社群运营工作。

第三部分

变现：商业变现，实现社群真正价值

第七章　社群团队构建

社群团队组织架构

社群未来的发展状况，很大程度上取决于运营团队的生命力。在开始构建社群团队时，就要搭建好团队，这样才能保证社群的稳定，否则一不小心社群就散了。

跟一些线下组织一样，社群的组织架构要尽量精简，权责分明，如果层级过多，则会导致信息传达不通畅，不便于沟通。

另外，不光是线下组织有自己独特的优势，像没有固定办公地点、固定办公室及固定岗位职责，诞生于互联网基础上的社群组织，也有自己的优势。它没有线下组织的制度约束性强，因而可以利用碎片时间去决策问题，工作会议可以在小群里完成，大家有空时就可以随时进行沟通。

社群的组织架构要根据社群所处的不同发展阶段来设计。在发展初期，规模较小的时候，组织架构可以精简一些，只要具备基本的运营功能就可以，这时社群的灵魂人物可以直接参与到社群的管理中。随着社群规模的逐渐扩大，就要把管理群和普通群分开，有的问题可以先在管理群里充分沟通后，再在普通群里进行扩散。

社群规模发展到一定程度后，就必须构建管理群、核心群、普通群三层管理结构。管理群一般由群里的积极管理成员构成，遇到重大运营问题时，管理成员先在管理群里讨论，形成一个统一意见后再放到核心群里讨论；核心群是由那些对社群高度认可的粉丝构成。核心群如果认可管理群的意见和决策，那么就可以放到普通群里去实施，由此一来，就可以有效避免出现决策失误。

社群的团队构建好之后，就必须定期注入新鲜血液，这时运营者就要去发现群里的积极分子，邀请他们加入运营小群，一起去商量如何做工作，如何去带动大群。

需要注意的是，一些社群运营者认为有经验的会员更熟悉工作，担心新手会把工作搞砸，于是过度依赖老会员，导致老会员觉得负担过重而退群，由此带来的人心涣散会令大家失去干劲，并且还会让社群的人才出现断层。其实，这个问题跟线下组织遇到的问题一样，社群蓬勃发展到一定规模反而会遇到人才流失，致使社群的发展势头戛然而止。

鉴于此社群运营者在社群运营的开始阶段就要积极主动地挖掘新人、培养新人、锻炼新人，不断给他们机会，让他们快速融入团队。一个愿意培养新人和能够不断推出新人的社群，才是一个健康发展的社群，这样的社群才能走得更为长远。

就像一直运营良好的秋叶PPT社群，秋叶老师经常从新人中发现人才，然后不断培养，让他们成为秋叶社群中的骨干力量，这样即便遇到老会员因为一些原因要离开，也有新人接班，不至于出现人才断层的现象。

2012年时，原来的老会员曹将、刘健亮和但愿等离开后，很快就有小巴、秦阳、阿文、鱼头等新人顶替。他们走上工作岗位后，又推出了马赛克、蔬菜、优卡、漆漆、青梅等新人。秋叶社群就是依靠秋叶老师不断发现新人，培养新人，才活跃至今的。

人才的判断标准

社群里面有那么多的人，怎么判断哪些是社群所需要的人才呢？我们在选择社群人才时，可以参考以下几个标准（图 7-1）。

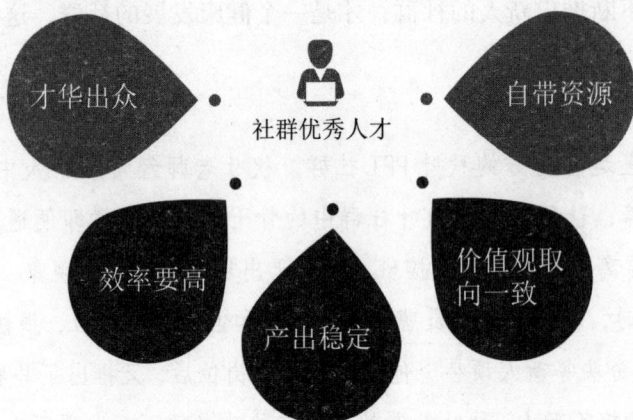

图 7-1　社群人才的选择标准

1.才华出众

基于社群网络运营的特殊性，社群需要的人才主要分为三类：第一类就是能够打造网络爆款内容（这些内容可以是文字、图片、PPT 或者视频）的社群成员；第二类就是具有网络项目协调运营和沟通组织能力的社群成员；第三类就是那种天然开心果性质的黏性成员。

一般一个好的社群应该是这三类人的合理搭配——做社群内容输出的成员占 60%~70%，做社群运营的成员占 20%~30%，黏性成员占 10%~20%。如果有人能身兼两种或三种职务，那就更好了。

2.效率要高

有的人虽然很有才华，但是做事效率很低或者有拖延症，这样的人就不太适合做社群运营。社群需要的是那种既有才华又有行动力的人，需要的是能够成为整个活动的发起者和组织者的人，需要的是发动机型的人，而不是依靠发动机才能前进的人。

如果在社群中给一个新人安排了一项工作，他马上就能行动起来去做，有了结果就主动反馈，不管这个结果足不足够美，这样的人就是社群运营所需要的人。能力不足可以培养，但是他的这种快速响应能力和反馈意识是最难得的。

发现合适的新人后，要马上跟他们取得联系，然后提供一些小任务给他们做，看他们的做事效率及完成质量怎样，如果符合自己的要求，那么就邀请他们加入社群团队。

3.产出稳定

为了选择人才，可以不定期地给合适的新人一些小任务来评估其完成质量及判断其产出的稳定性，还可以提高任务难度，来判断这个人才是否具有稳定的创作才华和创作周期。只有能提供稳定产出的人才，才是社群运营的最佳人选。

4.价值观取向一致

一个社群中只有人们价值观取向一致，才能齐心协力一起走下去。在社群发展壮大的过程中，难免会遇到各种各样的问题，如果不认同社群的价值观，将很难一起走下去。

大多数社群早期走的是非营利的模式，但发展到一定阶段可能就过渡到商业化营利模式，这个时候只有认同这种新形势的人才，才是社群需要的。

5.自带资源

无论是线下组织还是线上社群，都很难拒绝一个自带资源的新人，这些资源就是他的优势。

前面讲了社群人才的评判标准，那么，怎样去发现这些人才呢？

1）"老人"推荐

可以通过"老人"的推荐去找到人才。当社群的规模变大后，很难通过沟通了解去发现人才，这时可以找那些一起工作过的"老人"询问，让他们推荐。这样既可以节约运营者的时间和精力，又能因为推荐的关系得到"老人"的更多帮助和资源。

2）制度激励

让制度激发人才。通过一些激励型的制度设计，让那些有想法、有能力的新人显露出来，像 BetterMe 大本营就是通过层级制度去发掘人才的，不同层级的人才享受的待遇和奖励不同，从而促使人才通过不断晋升获得更大的平台。

3）活动、任务及招募

社群可以通过一些社群活动来发现人才，也可以通过任务发现人才，还可以通过招募来发现人才，像橙子学院就是通过微信公众号推送招募通知来扩招人才的。

接下来，我们再来分析一下人才加入社群的动机：他们是因为什么才选择加入的？是因为新鲜感、成就感、机遇、平台、影响力，还是丰厚的酬劳、有效的人脉，抑或是其他因素呢？根据这些加入动机，可以把人才分为以下四类。

奉献助力型。喜欢帮助他人，喜欢分享，当遇到同频率的社群时，加入能令其获得成就感和满足感。这类型的人才，在社群初期各方面人才都紧缺之时，往往能给社群带来强大的能量和助力。

求知探索型。有求知欲和好奇心。有的人因为没有接触过社群，对社群感到好奇；有的人对社群运营模式、管理、内容等感兴趣，想要一探究竟。这类人能带动社群核心团队的整体学习气氛。

成长反哺型。这类人因为进入社群后获得了社群的帮助而不断成长，有了能力之后希望能反哺社群。这类人的参与度和忠诚度都很高，能与社群共发展，通常会成为社群的核心运营力量。

资源互换型。这类人因为自身的能力或者资源，希望通过互换获得相应的报酬、人脉、平台、影响力或更多的链接等。

通过对加入者的动机分析，结合自己社群的性质和规模需要，用不同的方法吸引不同的人才。在吸引人才时还要树立自己社群的品牌，因为只要建立起自身品牌效应，那些优秀人才就会自动被吸引过来。

快速壮大运营团队

通过引入人才构建起社群的运营团队后，该怎样快速壮大团队呢？在快速行动之前，我们要认清形势，朝着正确的方向行动才行。如果方向不对，速度越快，则距离目标越远。那么在行动之前，我们需要从哪些方面去判断方向呢？

1.行业形势

从自己所属的行业入手，判断行业目前处于成长期、壮年期还是夕阳期，并考虑以下问题：

如果是成长期，那么肯定会有风口吗？风口在哪里？迎接风口需要做哪些准备？如果没有，时间长了团队该怎样运营下去？

如果是壮年期，那么存在哪些红利？红利的周期大概会有多久？自己能否抓住那些红利？如果有困难，自己还需要做出哪些努力才能抓住？自己能够利用的资源有哪些？

如果是夕阳期，那么行业还有多长的寿命？自己能否转型？如果需要转型，要做哪些准备？

2.竞争对手

现在无论哪个行业竞争都很激烈，即使是新兴行业，很快也会有人跟风，所以在行动过程中除要关注周边的大环境和自身情况外，还要关注竞争对手的情况。比如，分析竞争对手及潜在对手的数量、对手目前的状态、对手的优劣势及对手值得借鉴的地方等。

3.核心竞争力

要弄清楚自己社群的核心竞争力、社群能给他人提供的价值、别人愿意加入社群的原因、自身能否凭借核心竞争力迅速占据市场等，这是每个运营团队在创立之初就要考虑的问题。

4.学会授权

一些社群发展的势头很好，很快就发展壮大了起来。在团队壮大过程中必定会涉及授权这个问题。有的社群运营者担心自己授权后别的管理者会运行不好，或者降低效率，于是不愿冒这个风险；也有的运营者不知道哪些权力该给予授权，哪些不该给予，于是都自己抓着不放。

随着社群团队规模的扩大，运营者需要处理的事情也越来越多，于是那些不懂得授权的运营者会感到越来越累，最后因为精力有限反倒拖累了团队的发展。所以作为一个成功的社群运营者要懂得抓大放小，要学会授权，这是运营者必经的晋级之路。

授权很讲究技巧。有的运营者图省事，授权后却把自己给架空了，最后被取而代之；有的运营者则授权不充分，结果每天还是被杂事所困扰，忙忙碌碌却难以做好工作。那么，怎样才能做到有效授权呢？我们认为主要有以下要点。（图 7-2）

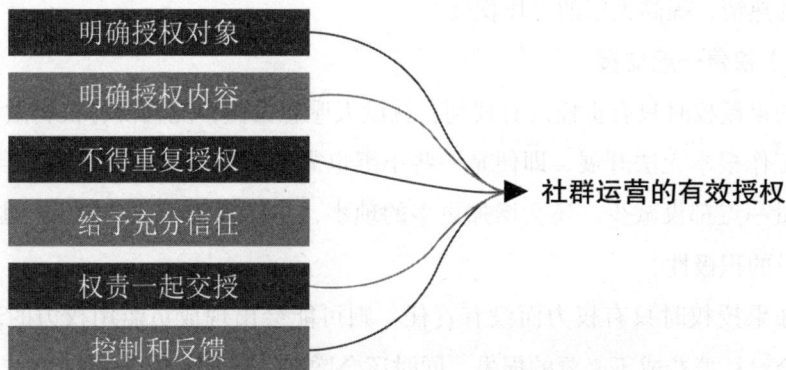

图 7-2　社群运营的有效授权

1）明确授权对象

在准备授权时要明确给什么人授权。社群运营过程中，每件事都有合适的人去做，而那个人不一定就是最资深的人。对于那些虽然经验丰富，但对该项任务不擅长或者意愿度不高者，就不要勉强了，把机会留给那些虽然经验不多，但有心要去学习的积极者更为适合，而且这样还能增加大家对社群的归属感，也能培养新人。

2）明确授权内容

要明确应把哪些内容授权出去。在社群实际运营工作中，那些分散核心成员很大精力的杂事及因人因事产生的机动权利都可以考虑授权出去，可以让核心成员列出自己每天需要做的事情，删除那些非自己做不可的事项，剩下的就是可以授权的事项。

3）不得重复授权

在授权的时候，不要一件事让这个成员去做，同时又让另外一个成员去做，这样会给团队带来猜忌，影响大家的团结。不过社群毕竟不像企业那样严格，大多数时候就是口头上的授权，有时难免因为交代得不够明确，出现重复授权的情况，从而造成团队资源的浪费，所以授权时要格外注意这点。

4）给予充分信任

如果决定授权，就要充分信任对方，做到"用人不疑，疑人不用"。一个缺乏信任的授权会让团队缺乏动力，降低大家的工作效率，严重时还会令成员产生反抗、厌恶等抵触情绪。对人才来说，信任是最大的激励，能够鼓舞团队的热情，提高大家的工作积极性。

5）权责一起交授

如果授权时只有责任没有权利，就没人愿意去做，况且没有权利做后盾，很多工作根本无法开展，即便是一些小事也需要不断请示，你会发现自己的工作量一点都没减少，还会增加更多的琐事，从而让工作效率更低，也降低了成员的积极性。

如果授权时只有权力而没有责任，则可能会出现成员滥用权力的现象，到时会给社群造成不必要的损失，同时还会增加社群管理的难度。

6）控制和反馈

授权不是没有监管的授权，在授权的同时要附加一些控制措施和反馈措施，以便及时掌握工作的进展情况，同时对偏离目标的行为要及时引导和纠正。

不管你的社群现在有没有商业化运作，都应该重视营收。即便是公益性质的社群，也需要考虑持续的现金流营收，那些一直靠志愿者补贴或非持续性赞助的社群是很难坚持下去的。如果是商业化的运营，就更应该重视营收，只有不断地盈利，才能保证社群的良好运转。

留住优秀人才

　　一个社群从建立之初至发展到一定规模，核心成员的功劳应该说是最大的。这些核心成员熟悉社群的流程和制度，积极维护社群的正常运转，在社群里拥有较高的威信和地位，对社群的参与度和归属感都比普通会员高，对社群的贡献也大，他们为社群的良好发展起到了积极作用。但跟企业发展到一定阶段就会出现人才流失一样，社群发展到一定阶段也会面临优秀人才的流失。

　　社群优秀人才流失的原因如图7-3所示。

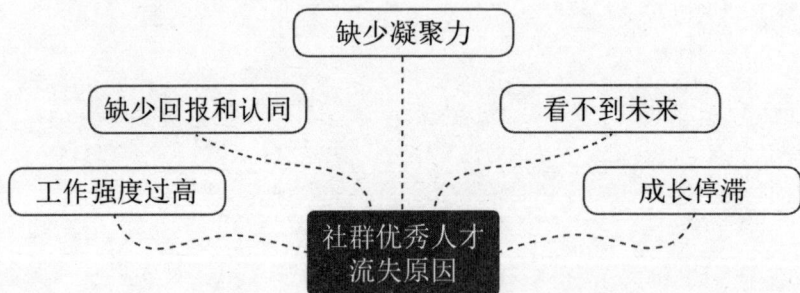

图7-3　社群优秀人才流失的原因

1.优秀人才流失的原因

1）工作强度过高

　　社群成立初期一切都在完善中，每天都有诸多问题要去面对。当社群形成一定规模后，核心成员需要处理的事情会更多，各方面的沟通和各种关系也会因团队规模的扩大而变得更加复杂。这时如果没有一个合理的工作量平衡机制，高强度的工作就会影响到核心成员的日常生活，进而引发核心成员的不满，最终导致人才的流失。

2）缺少回报和认同

大多数社群开始时都不是以公司形式运营的，很多核心成员根本没有什么运营经费，大家都是凭着一腔热血去建设社群。这样的理想可能会维持一段时间，但如果社群总是让核心成员一味付出却看不到回报，长此以往那这些人慢慢也就对社群失去了希望，最终就会选择退出。

还有的运营者缺乏管理知识，对人才的付出视而不见，不懂得重视他们的价值，不体谅他们的辛苦，不仅物质上没有满足核心成员的需求，而且精神上也没有获得核心成员的认可，这时如果出现其他的平台邀请，那么这些人才的离开也是必然。

马云曾说过："员工离职的原因有很多，其实只有两点最真实：一点是钱没给到位，另一点是心里受委屈了。"在社群运营过程中要谨记这两点。

3）缺少凝聚力

社群是个集体组织，如果一个社群的运营者没能把核心成员凝聚在一起，那么这个社群就是一盘散沙。社群不是一个人能够做好的，而是要依靠核心团队成员间彼此欣赏、信任、认可而逐渐发展壮大起来的。倘若一个社群缺少凝聚力，早晚会分崩离析、走向没落。

4）看不到未来

当过了发展的活跃期后，大多数社群会出现活力开始下降，成员流失，社群开始走向衰败的局势，这时运营者如果没有想出好的解决办法，核心团队就看不到社群的未来，觉得自己留下也无能为力，只能另寻出路。

自古以来就有"人往高处走，水往低处流"的说法，如果社群的自身力量不够强大，当遇到更好的平台来挖人时，就会出现人才的流失。

5）成长停滞

社群发展到一定阶段以后，就会进入一段时间的停滞期。此时，核心成员的发展如果超过社群的发展，而却没有得到重用的话，他就会觉得英雄无用武之地，就会萌生离开之心，或是到一个更高的平台，或是去自创一片天地。

其实，有时也会有社群发展过快，但核心成员的发展却跟不上社群发展的情况。这时那些跟不上社群发展脚步的人，心中就会对自己的能力产生怀疑，觉得自己无法再帮到社群，继而产生离开的想法。

核心成员的流失对社群来说是一种极大的损失，他们的离开让之前由他们负责的工作出现中断，还可能会引起社群管理的混乱。此时，如果没有提前预备好接替者，整个社群就可能会陷入一段时间的瘫痪。有时核心成员的离去还会带走一部分流量，对社群来说，这简直就是雪上加霜。如果运营者不尽快想办法鼓舞成员士气，引入新鲜血液，社群就会人心惶惶，从此一蹶不振。

那么，怎样才能避免核心成员的流失，留住那些优秀的人才呢？一个社群想要留住人才，运营者可以在运营流程建设、内部沟通文化、团队组织分工、运营绩效评定、商业收益转化方面多下功夫，让社群首先能顺畅地运营下去，让核心成员都能心情舒畅地投入到社群管理之中，并且能够给予核心成员合理的回报。这样的话，成员愿意留下的概率就会提高很多。

2.运营者需要注意的事项

为了留住核心成员，稳固和壮大社群，社群运营中运营者需要重点关注以下几方面的事项。

1）不断完善社群运营流程

社群工作是繁杂的，社群逐步发展的过程中，运营者要不断完善社群的运营流程，将工作标准化，让核心成员把精力主要投放于关键工作上，对于那些不太重要的琐碎事情可以让其他成员来做，也可以趁机锻炼一下新人。

刚开始社群规模小的时候，每位核心成员都需要承担好几项工作，比如，既要负责内容运营，又要负责推广和客服工作。但随着社群规模变大后，这些工作就要细分下去，一些工作方法也要标准化、流程化，这样既可以提高社群的工作质量和工作效率，又能减轻核心成员的工作量，从而降低人才流失率。

2）建立感情链接

人类是情感动物。一个好的社群必定是一个有温度的社群。如果一个社群冷冰冰的，成员之间互不沟通，时间久了人心就会变凉，这个群也就慢慢散了。

人只有多沟通才能加深感情，社群的核心成员更需要多沟通、多交流，建立稳固的感情链接。运营者可以平时多组织些线上或线下活动，增加与核心成员之间的互动。当核心成员中有人遇到困难时，运营者要及时发动社群成员积极帮助其解决困难，这会让核心成员感受到社群的温暖，增加其对社群的黏性。

3）有弹性的组织架构

一些社群的核心成员可能属于兼职或者志愿者，对社群的投入时间不固定。对此运营者可以采用有弹性的组织架构，让那些拥有本职工作的成员，在本职工作之外空闲时再让其开展社群工作。如果社群运营者把社群的组织架构钉得太死，那么到头来只能把那些优秀的人才逼走。

像 BetterMe 大本营，一般情况下核心成员都在 CPU 里，但是如果其现实生活特别忙，则可以申请到咖啡厅里休息一段时间，等到不忙的时候再调回 CPU 就行。这样既保证了社群良好的运转，又给了暂时没时间投入社群工作的人一个退路，从而留住了这些人才。

4）建立合理的回报机制

社群发展初期，运营者可以通过提高核心成员的成就感，让他们觉得精神上的回报高于物质回报，从而留住他们。等到社群成长过程中有了盈利能力以后，运营者就要建立一套明确的奖惩制度和绩效考核制度，让那些付出有效劳动的成员得到相应的物质回报，让其精神也获得物质的支撑。

像秋叶 PPT 的核心团队，每个参与开发课程、组织活动或者进行在线分享的社群成员，都会凭借自己的付出和工作质量，获得相应的回报，这个公平公正的回报增加了核心成员对社群的黏性。

5）清理掉那些不合群的人

虽然每个入群的成员运营者都应给予足够的信任和尊重，但对于那些并没有真正认同社群核心价值观的人，或者为了个人名利加入的人，则要及时进行清理，不要让这些不合群的人影响了大部分志同道合的人，以此保证社群价值观的一致性。只有大家的价值观一致，社群才能良好地运转下去。

6）提高社群自身品牌的含金量

社群自身的品牌影响力，是吸引核心成员为之奋斗的一个重要因素。俗话说"大树底下好乘凉"，如果社群本身品牌含金量较高，无疑其团队凝聚力就会很强。一个社群品牌的魅力，不仅能增强核心成员对社群的黏性，而且会吸引越来越多的核心成员加入其中。

"你若盛开，蝴蝶自来。"一个不断成长、有温度的社群总是让人留恋的。想要留住人才，就要在完善社群运营流程的基础上，多关心核心成员，多给予他们精神和物质上的回报，同时不断提高社群自身的价值，增加优秀人才对社群的黏性，这样就不必担心人才的流失问题了。

社群运营KPI标准

2017年，百度给百度贴吧的用户发KPI（(Key Performance Indication，关键绩效指标法），这是第一个明文给自己的用户下达KPI的互联网平台。这在当时遭到了很多人的怒怼，但其现实是由于社群规模很大，如果不借助一个合适的KPI，将很难把这个庞大的组织运营好。虽然很多社群运营的确需要设置KPI，但不一定必须像百度那样来操作。

我们先来看一下，什么样的社群需要KPI。

首先从规模来说，那些规模较小的社群，因为不确定因素较多，不建议采用KPI制度。规模小的社群引入KPI制度不仅不能提高效率，而且还会降低效率。

对于那些人数庞大的大型社群，如果不引入KPI制度，将很难运营，所以需要设置KPI。但对于会员的创新，KPI是很难衡量的，有时因为KPI的引入，反倒会让会员产生逃离的社群效应。

其次从社群的战略目标来说，一般社群在初期第一阶段的基本目标就是提高用户的黏性和建立自有传播渠道，这时就不能用简单粗暴的KPI来考核。所以在社群运营的第一阶段不宜设置KPI，不过还是需要有目标和运营数据分析的。

有的社群是用项目驱动的，用输出质量来决定是否符合目标的要求，这样的社群清楚采取什么行动可以达到目标，就不需要KPI来考核。像秋叶PPT社群，就是以开发各种课程的质量来决定回报的，因而没有设置业绩KPI。

不过有的社群团队处于一种混乱状态，其有些信息是不对称的，另外，还会涉及商业利益的分配问题。为了让社群核心成员感到社群的公平、公正、非暗箱操作，此时就需要用 KPI 来提高执行力并控制成本。

对于那些需要设置 KPI 的社群，运营者应该从哪些方面入手去设置呢？

常见的社群运营 KPI 一般分为结果导向型和过程导向型。对于结果导向型 KPI，我们可以从新用户增加量、转化率和复购率、活动参与度、群活动频次等方面进行量化考核；对于过程导向型 KPI，我们可以从活跃度和活动频率去评价（图 7-4）。

图 7-4　社群 KPI 评价标准

1. 新用户增加量

这一指标是社群运营的一个基本指标，不仅包括社群中新用户的增长数量，而且还包括平台用户增长量等。如果一个社群总没有新增的用户，那么这个社群离解体就不远了。但如果一个社群过于在意用户的新增量，利用一些手段去加粉，虽然用户的数量增加了，但却带来了大量无效的僵尸粉，这也是没有任何意义的。

另外，有时由于这些无效用户的增加，导致社群中的无效信息及垃圾信息太多，还会让一些真粉含恨离开。

2. 群活动频次

一些社群为了保持社群成员对社群的认可度及活跃度，经常会组织一些线上或线下的活动。此时，是否按照适当的频率来安排群活动，就成为了评估一个社群运营是否符合规范化的标准。有的社群为了营造社群活跃的现象，就针对一些没什么价值的话题进行讨论，不仅没有让社群的气氛活跃起来，而且还会引起社群成员的反感，让人觉得群里的垃圾信息太多，只能屏蔽或者退出。

那些运营规范化的社群，会定期举办一些活动，既能满足大家学习的需要，又不会引起会员的反感，还能增加成员对社群的归属感。

3.活动参与度

对一个社群运营质量好坏，当然不能仅仅用活动频次去考核，还得评估社群成员是否积极参与了活动，在活动中有没有保持一定的活跃度，以及活动结束后有没有主动分享。

这里不推荐把点赞数作为 KPI 的一个指标，因为这没什么意义，同时还会透支社群成员的信任。这就好比我们在微信朋友圈经常收到一些朋友发来的需要集赞的信息，虽然勉强去点了，但对其发的内容大多都没印象了，既然没有什么实际效果，还去骚扰潜在客户干什么呢？

4.转化率和复购率

如果你的社群有产品，那么可以考虑把产品的转化率和复购率作为 KPI 的指标。

转化率高意味着高回报，复购率高意味着能获得稳定的回报，这两者都高，意味着社群运营状况良好。

需要注意的是，我们经常看到一个社群刚建立，大家都还没来得及相互了解，也根本还没有培养出用户的黏性，更没有想好用什么产品去转化，社群运营者就盲目地推出产品，并定下转化率和复购率的指标，要求成员购买，其结果当然是不尽如人意。

在这里，需要提醒那些社群运营者的是，虽然 KPI 指标是对社群运营关键质量的衡量，但 KPI 不是对社群运营过程的管理，它只能帮你评估社群整体战略目标实现的进度，却无法帮你评估日常工作运营的工作量和效率。

此外，社群的 KPI 与企业的 KPI 不同，不要把企业的 KPI 直接套用到社群管理之中。

社群 KPI 不是由社群团队的上级强行确定下发的，而是由团队内部经过讨论努力达成的共识。

在社群内没有"一言堂"，不能以上压下，更不能像公司那样搞普遍化的绩效考核，否则你的社群很快就会沉寂下去。

第八章　社群运营策略

制定社群运营规划

如何更好地运营社群？我们不妨勾勒这样一幅场景：

你正在努力工作，老板神不知鬼不觉地走过来对你说："小王，你学电脑的，我们公司有10个微信群，回来交给你运营吧，记得要让大家都活跃起来去购买我们公司的产品啊。"

"老板，我对运营不懂啊，我只懂点电脑。"你无奈地答道。

老板不以为然地说："你不是懂电脑吗？到时从网上看别人怎么做的，学学就知道了，年轻人要上进。"

对此，你只能沉默以对，谁让人家是老板呢。算了，还是看看社群到底是怎么运营的吧。

想要把社群运营好，首先要做好社群运营规划。不少人看到了社群这个商机，都想去分一杯羹，于是便拉了一堆人建立了不少群，然后随便去运营，最后运营没几天就成为了死气沉沉的群。

为什么会是这样的结果？主要原因就是你没有对你的社群制订运营规划，你根本就不知道自己为什么要做社群，只是看到别人做了并且还赚钱了，于是你也想赚钱，仅此而已。你想过做社群这件事能为你带来什么价值了吗？你想过怎样把你的社群进行商业转化了吗？

在准备做社群运营之前，要从以下三个角度来考虑。

1.产品属性角度

你做社群的出发点是要做一次性的客户还是那种长期客户？如果要做长

期客户，那么做社群的目的就是让客户能够复购或者购买增值服务。

2.用户价值角度

从用户价值角度考虑即发掘客户价值增长点。其实对于大多数用户而言，都可以对其潜在价值进行挖掘，而社群就是充分挖掘用户潜在价值的最好方式。公司如果要做社群，首先要思考的问题就是：从现有客户基础上吸引来的那些有相似属性的新客户身上还能挖掘出什么价值。

3.模式创新角度

在流量经济时代，社群作为一种新的商业模式，将是未来中小企业模式突破的一个重要方向，也是相对来说门槛较低、较实惠和风险最小的一种方式。

想清楚自己要做社群的目的之后，接下来你需要想想自己社群的定位是什么。开一家公司之前你会思考公司的定位，做产品之前要有产品的定位，做社群当然也不例外。做社群之前想好你所做社群的定位，这是你做社群的关键。如果没有提前想好社群的定位，那么后续的规划和运营也将无法明确进行下去。

社群定位就是明确你的社群到底想做什么，你的用户群体是什么样的，并对你的用户群体进行明确地细分。社群的定位主要包括业务定位和客群定位（表8-1）。

表8-1　社群的定位

社群名称	业务定位	客群定位
罗友会	罗辑思维自媒体的粉丝社群	罗辑思维粉丝群体
酣客公社	白酒粉丝群	白酒爱好者或白酒极客
天马帮	企业家互联网＋学习型社群	传统中小企业老板、管理者
正和岛	高端人脉与价值分享平台	知名企业创始人、高管

　　给自己的社群定好位后，还要看企业或个人是否适合运营社群。不是所有的企业和个人都适合运营社群，因为社群除需要一定程度的资源投入，还得保证持续为社群提供价值，给社群成员一个长期待下去并保持活跃的理由。这可不是靠发点红包、随便搞几个活动、偶尔说说话就能做到的。

　　想好确定要做社群后，就要好好运作社群。社群也是一个小世界，这个小世界也是需要规则的，因此，社群在建立之初就要制定明确的社群规则。在规则的框架下，社群文化会自然而然地生长。虽然规则是死的，但文化是活的，社群文化就是规则孕育出来的果实。

　　对于社群的运营，我们以云放茶园为例进行阐述。云放茶园从名字上看是茶园，实际却不卖茶叶。它采用了 F2C+ 社群 + 资本的商业模式，在 1 年期间就完成了 1 亿元的 A 轮融资，估值已经超过 5 个亿。具体来说，它是怎么运营的呢？

　　云放茶园的发起人周树明看到，虽然最近几年茶叶的价格被推得很高，但是茶叶公司却把大量的资金放在了营销、渠道和人力成本上，而茶农的处境却并没有得到改善。因为"种茶不赚钱"，使得普兴那里沦为名副其实的"空心村"，很多茶园已经荒废。

　　周树明想要改变这一状况，帮助那里的茶农们脱贫致富。他总结了茶园荒废的原因主要有以下几点：

　　（1）茶业价格信息不对称，流通环节复杂，层层加价严重，物流渠道成本高。

　　（2）茶业生产信息不对称，跟风现象突出导致产能过剩，效率低下。

　　（3）区域和季节不均衡。

　　从这些原因出发，周树明决定利用互联网的力量先将茶园土地流转起来，于是云放茶园应运而生。明确了方向之后，周树明与当地政府和农户签订了战略合作协议，着手进行筹备工作。

　　2015 年 9 月，云放茶园开始小范围测试，当时只想邀请几位有意向的合作伙伴，没想到现场却来了 200 多人，这个结果让周树明更加坚定了自己的运营模式。不过后来，周树明并没有立即开放茶园的认购，而是做起了茶园的相关规划和顶层设计。云放要求茶农按有机标准种植茶叶，不打农药，只使用生物有机肥，同时跟农户保证，云放收购的鲜叶价格一定会高于市场价。对消费者来说，可以喝到安全有保证、性价比高的好茶，对茶农来说可以得到更多的收益，这是互惠互利的好事。

2016 年，云放茶园对外开放，数百名企业家慕名前来认购茶园。虽然私人茶园并不是什么新鲜的概念，在高端茶叶市场也兴起过私人茶园定制的活动，但绝大部分只是换个方式卖茶，并没有挖掘出人们更深层次的需求，导致大多私人茶园的定制不温不火。但云放茶园却采取生意＋生态＋生活的模式，开辟出了一片新的天地。

从表面上看，云放茶园也只是提供高端私人定制茶园，但实质上它采取了 F2C＋社群的商业模式，这是与以往不同的商业模式，是云放茶园运营中非常重要的一环。所谓 F2C，就是直接从茶园到用户，省去了中间一些流通的环节，把茶农和消费者直接连接了起来。

对很多消费者来说，需要获得价值认同和自我实现，云放茶园恰好满足了他们的这个需求。在自己的地上种茶，这是多么让人兴奋的事情！当然云放模式并不是简单的产品和体验，而是以云放茶园为入口，把有同样兴趣爱好和需求层次相近的人集合在一起。

云放的茶园主遍布全国 20 多个省，用户 70% 都是企业家。其目前主要有三个圈层组织：第一层组织是云放荟，所有茶园主都是会员；第二层组织是茶董会，主要是由茶园主里的精英人士组成；第三层组织是云游会，是由茶园合作伙伴组成的。

后期，云放还准备逐步开通茶园主俱乐部、茶之境禅修班、高端社交圈等茶园主专属服务，让大家可以通过互联网自由地对话。云放茶园将独立的个体通过茶缔结在一起，形成了社群，构建起一个有共同价值观和文化张力的圈层。在这个圈子里，大家进行价值观的碰撞、生活方式的共融、爱好的交流与资源的共享。

云放茶园卖的不是茶叶，而是信任（透明的溯源、茶品的鉴定）、情怀（茶农艺术、周边故事）、关系（线上线下互动），现在还衍生出第四种——经历（海外游学、短途露营）。

　　未来，云放茶园除了做管理茶园，还将做茶旅，另外，还准备在上海做一个全球品质供应链，将一些高端食材全部提供给茶园主，让他们进入云放社群后生活一切无忧。

线上线下互动营销

近几年社群如火如荼地成立了很多，社群经济也逐渐成为商业追逐的热点，但大多都仅存在线上，没有被成功地引流到线下。很多社群都没有变现，或者变现能力很弱，处于"线上有巨大的流量想落地，线下有大量的场所想引流"的尴尬局面。其实针对社群线上线下的引流，运营者还可以考虑从不同领域的非竞争者入手来进行营销。我们来看看电竞的线上线下互动营销是怎么做的。

《绝地求生:大逃亡》游戏的大火，带动了生存类游戏的发展。"大吉大利，今晚吃鸡"成为玩家的一句问候语，"吃鸡"成为这类游戏的别称。因为"吃鸡"游戏的谐音，肯德基选择在学生寒暑假和春节期间，与网易推出的《荒野行动》进行合作，实行线上线下的互动营销。

游戏中"补胎"广告的白色面包车上开始打着肯德基的广告，鸣笛时能听到肯德基的广告，在游戏界面还会弹出"大吉大利，今晚炸鸡"的活动介绍。活动期间，获胜的游戏玩家可以获得肯德基食品的优惠券或经验卡，部分活动还必须前往肯德基餐厅，在餐厅内登录游戏，在专属房间内对决，胜利才能获得。同时，活动期间，肯德基门店也推出了购买指定套餐送《荒野行动》游戏中时装皮肤的CD-Key。

除游戏外，肯德基和网易还在江苏、安徽两省400多家肯德基门店联手举办了水友赛，每天为门店引来了固定的流量，同时线下门店也为游戏打广告。这种线上线下的互动营销，获得了双赢的利好局面，实现了对社群商业化价值的深度挖掘。

肯德基除了与网易的《荒野行动》合作外，还与腾讯 CF 的《荒岛特训》合作，合作方式类似。有的玩家为了得到 CF 皮肤，就去吃一顿肯德基。另外 CF 还联合肯德基宅急送，共同研发了游戏内的"一键点餐"功能，直接从游戏内实现了变现。

在电竞的消费需求从线上开始向线下转化时，运营者首先选择了与一些非竞争者联合，这种互动营销成为以后电竞运营商与零售、餐饮等年轻人热衷的线下内容的一种合作趋势。不过这种合作能否成功，取决于两个方面：第一就是游戏本身是否具有强大的 IP 和流量，这决定了线下活动能否获得足够的人气；第二就是线下活动是否有创意，是否能吸引年轻人的目光，这决定了线下活动是否能够留住人气并反馈游戏本身。

跟电竞类社群线上线下的互动相比，一些人运营的社群根本就不叫社群，最多只能算作用来做微商和产品销售的广告群而已。社群本来是个高大上的形态，结果却被一些微商群、营销群拉低了身价，让大多数人误会了社群本来的价值。

纵观商业模式的发展，我们会看到商业模式分为四个境界（图 8-1）。

图 8-1 商业模式的四个境界

第一个境界：以产品为中心。典型代表是可口可乐。

第二个境界：以服务为中心。典型代表是 IBM。

第三个境界：以平台为中心。典型代表有亚马逊、淘宝、当当、京东等，这也是当前的主流商业模式，也称为平台经济。

第四个境界：以社群为中心。这一商业模式将成为未来的主流模式，我们称之为社群经济。不要小看这一模式，一个成功的社群，其想象空间是无限的，像醋客公社发展到一定程度后，除了卖白酒，还可以卖房产、卖钢笔或奢侈品。每个成功的社群发展到一定阶段后，都可以进行项目孵化、资本运作等。

　　一个成功的社群，一定是线上线下同时互动的。综观那些成功的社群，我们不难发现，没有一个是靠纯粹线上运营而取得成功的。我们来看看被誉为中国社群四大神盘之一的奥伦达部落是怎样线上线下互动营销的。

　　奥伦达部落是中国首家幸福系统运营商，旗下运营着百个梦想聚落（梦想实践平台）及多个会员基地，是社会财智人群实践幸福梦想的聚地。它是居易集团旗下房地产项目与业主间的连接中枢，把业主与楼盘、老业主与新客户、业主的生活和生意连接在一起所形成的一个社群。

　　在一项针对中国财智人群的调研中，奥伦达部落发现，虽然这类人群事业有成，有充足的财富，但他们并不觉得幸福，在工作和生活中遗失了最原本的幸福和悠然，无法让内心真正幸福快乐起来，且针对这类人群"生活与幸福"的经营，缺乏相应的服务机构。于是奥伦达部落就把自己定位为"幸福运营商"。

　　奥伦达部落认为一个人幸福与否，不在于财富的多少，而在于收获的人际关系。奥伦达部落的创始人向水认为，生活富裕者的不幸福主要来自精神生活的空虚。

　　在奥伦达部落，业主的平均年龄在 45~55 岁，他们大多事业有成，属于"有钱有闲"一族，但是他们的精神生活相对匮乏。想要帮助这一群人获得幸福感，核心就是为他们建立良好的社区和社群关系。

　　奥伦达部落通过建立社群，拉近了邻里关系，建立了新兴社交网络，使社区产生了新价值。这里所有的别墅没有围墙、没有 CEO、没有总经理，这里有的则是合唱、足球、舞蹈、油画、诗社、话剧等 100 多个不同主题的社群，业主们总能在这里找到自己感兴趣的活动部落。他们因为有共同的爱好，会时常交流聚会，重现自身价值感，心态逐渐变得阳光、开放，人也幸福快乐起来。

　　2008 年，奥伦达部落组建了自己的策划部，开始在社群推广"老带新"的活动策划，加深了开发商与业主、业主与社群之间的情感关系，通过十多年的社群文化坚持，使得"老带新"的比例超过90%，每月到访户达到2500多组。

奥伦达部落的社群组织叫聚落，这里有上百个聚落，活跃的有30个左右，知名度较高的精品聚落有10~15个，各个聚落都形成了良好的生态系统。每个聚落都有自己的名字、LOGO，都有带头人、队长、社长、会长等，并且有定期的线上线下活动安排和计划。他们不仅住在同一小区，还玩在一起，这些聚落不仅圈住了老业主的心，还为"老带新"提供了更多的资源和可能性。

在这里，每周都有几十场的聚落活动：静的有油画、园艺、酿酒；动的有话剧、舞蹈、足球；抬头有"飞行聚落"；户外有"行者无疆"。只要加入，就能获得无数的知音，这里没有陌生人，大家都相互熟悉。

老业主们建立了新型社交，联络了感情，形成了良好的聚落文化，这种文化氛围让业主很开心地向朋友介绍奥伦达部落。聚落活动不仅让老业主受益，还让他们创造了聚落文化，也让他们不断主动去传播聚落文化。此外，一些新成员因为兴趣爱好而加入奥伦达部落，成为社群的新鲜血液。

2013年，奥伦达部落推出了事业合伙人计划，让业主和高管都可以跟投项目，成为投资人、事业合作伙伴。对业主来说，他们的家在这里，可以把一部分财富放在这里；对于开发商来说，等同于多了一条融资渠道，是一举两得的事情。部分有钱有闲的业主甚至帮助奥伦达去整合资源，成为他们的免费销售员，推荐自己的亲朋好友购买项目。

在奥伦达，成员重新找到了自己与世界相处的模式，也找到了与他人相处的模式，更找到了与自己相处的模式。

社群用户运营方案

相比于其他形式的用户运营，社群用户运营更注重群的概念，不是针对单独用户的运营，而是针对整个社群的用户展开运营。社群运营之中的用户运营大多数是在形成社群之后，针对社群中的用户开展拉新、留存、变现等运营活动。

社群用户运营的目标主要是将新用户吸引到社群中，将老用户维持在社群中，同时还需要通过有效的方法让社群成员加入社群运营的活动中，让社群成员对社群保持长时间的持续关注。社群需要从成员那里获得关注、时间、精力和金钱，这也是社群用户运营的主要工作。

由于社群运营中的用户运营更多会局限在社群范围之中，所以社群用户运营在策划方案上，也有别于其他的互联网用户运营。一般来说，社群用户运营工作可以从以下几方面去展开（图 8-2）。

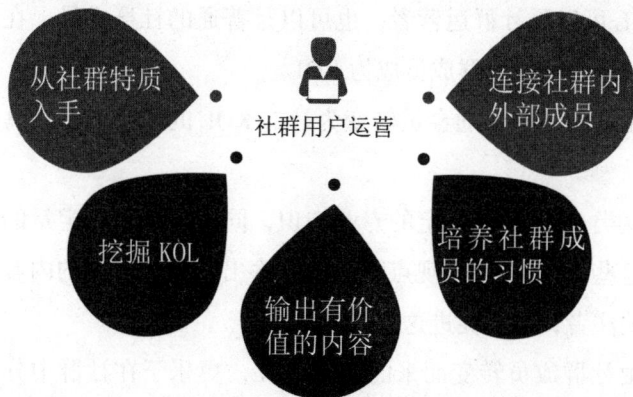

图 8-2　社群用户运营方案

1.从社群特质入手

社群的特质是社群有别于其他社群的关键。在进行社群用户运营时，社群运营者应该让社群成员了解社群的目标和主要内容，并且要反复强调这些社群特质。以读书分享类社群为例，社群运营者可以在群内每天分享新书，同时让社群成员一起分享；也可以在社群中公布社群成员的读书进度和读书排名，做一些独特的事情，与其他读书类社群区分开。

提到独特的事情，社群运营者可以在社群中不断发布具有个人风格、社群风格的内容，来强化社群特质，增强社群成员与社群的连接。

在这里，运营者应避免一些与社群特质无关的内容出现在社群中。比如，一些读书类社群要求新入群的人发红包，或者在社群中经常发布一些娱乐八卦，这些举动虽然能够促进社群活跃，但可能会对社群发展带来负面影响。所以，运营者应该从社群特质出发，安排社群内容和社群活动。

2.挖掘KOL

这一点对大多数社群都具有重要意义，在前面的章节中我们也进行过介绍。打造和挖掘 KOL 是社群用户运营的重要工作，相比于其他社群成员，社群 KOL 在社群中的作用更为显著，同时也更能客观评价社群内容和社群活动的质量，带动社群其他成员的活跃度。

社群 KOL 可以是社群运营者，也可以是普通的社群成员。在这里，我们主要讲的是挖掘普通的社群成员成为 KOL。

一般来说，在那些普通会员转变为社群 KOL 的人身上，会具备一些明显特征。

首先，这类 KOL 具备一定的专业知识，同时也拥有一定量的关注者。基于这一点，这些 KOL 在发表观点时常常能输出一些有价值的内容，而由于拥有一定量的关注者，也会促进这些内容的传播。

其次，由社群成员转变而来的社群 KOL，更乐于在社群中分享有价值的内容。一方面，这些社群 KOL 由于来自社群成员，对其他社群成员及社群动态非常了解；另一方面，通过分享有价值的内容和信息，KOL 能够获得更多人的关注，提升自身价值。因此，从这两方面来看，在社群中分享有价值的内容，对于社群 KOL 来说，也是一件必要且划算的事情。

3. 输出有价值的内容

在社群运营过程中，持续不断地输出有价值的内容，是社群运营的关键，同时也是社群用户运营的重要举措。在这里，有一点要明确，那就是社群中有价值的内容一定是围绕着社群目标和社群成员的需求去制定的。一般情况下，这些有价值的内容是由社群运营者或社群 KOL 提供的。

对于社群成员来说，加入并持续关注社群需要一种动力。这种动力要么是物质上的，要么是精神上的。对于运营者来说，持续输出有价值的内容就是在给社群成员创造动力。如果社群运营者提供的内容正好能够满足成员的需求，那么很多社群外的用户也会加入社群中，成为社群的一员。如果能在社群中持续获得有价值的内容，他们就会一直在社群中，并保持活跃。

4. 培养社群成员的习惯

社群成员的习惯需要培养，这种培养除依靠持续不断输出有价值的内容外，还可以依靠其他方法。培养社群成员的习惯，能够增强社群成员的黏性，这也是社群用户运营的一种重要方法。

养成一种习惯是非常困难的，更何况是要让别人养成习惯，因此，培养社群成员的习惯也就成为考验社群运营者基本能力的一个关键环节。那么，究竟该如何培养社群成员的习惯呢？

正如我们每天睡觉和起床一样，当我们在早上 7 点设定一个闹钟时，我们就会每天早上 7 点起床。时间久了，即使在没有闹钟的情况下，我们依然可以在早上 7 点起床，这是因为我们已经养成了一种习惯。

因此，社群运营者可以在社群中设置一种类似闹钟的装置，让社群成员坚持一段时间，这样时间一久，社群成员就会养成一种习惯，就会形成一种自觉性和主动性。培养用户习惯的主要方法包括签到、打卡，或者是在固定时间推送有价值的内容。通过这些方法，社群成员就会慢慢形成习惯。

在培养用户习惯的过程中，除要选择合适的方法外，还需要形成一套长期且完善的计划方案。正如前面所说，要培养社群成员养成一种习惯并不容易，所以最好先拥有一套长期完善的计划方案后再去按照计划执行，以防出现社群成员的习惯还没养成，计划就执行不下去的情况发生。

此外，在培养用户习惯的过程中，为了鼓励社群成员积极坚持某种行为或持续参加某项社群活动，运营者还需要给予社群成员一定的物质奖励。当然，这种物质奖励最好与社群特质存在一定关联。

在这个过程中，运营者需要平衡好成本和收益，以防因为给社群成员提供奖励而导致社群收益下降较多。同时也要防止社群成员在按要求参加活动后却无法获得承诺收益的情况发生。这样不仅对养成社群成员习惯无益，而且也会降低社群成员对社群的信任度与忠诚度。

5.连接社群内外部成员

社群成员的内部连接是指不仅社群 KOL 输出有价值的内容，社群中的其他成员也在输出有价值的内容。这些内容包括分享相关知识、在社群内发表问答、与社群其他成员交流经验等。

而社群成员的外部连接则是指社群成员积极分享社群的内容和活动，不仅分享给同社群的人，还会分享给社群之外的人。这样能够吸引更多的外部人员加入社群之中，从而促进社群规模的扩大。

在以上这两个方面的综合作用下，社群的用户运营才会初见成效。这两个方面的工作可以帮助运营者正确评估和开展社群用户运营工作，也可以更好地帮助他们掌握社群用户运营的流程和方向。

对于运营者来说，一方面，社群用户运营和内容运营一样，是一件长久且持续的工作，需要长期坚持下去。另一方面，社群用户运营又与内容运营不同：内容运营很难借鉴其他成功社群的经验，但用户运营却可以借鉴其他社群的成功经验，只要结合自身社群的实际情况，对其他社群的成功经验加以整合，就会转变为自己社群用户运营的方法。

社群用户增长的裂变手段

现在，越来越多的企业设置了用户增长岗位，社群运营者纷纷将用户增长作为社群营销的重要目标。无论是新手运营者，还是做过几年社群，拥有一定经验的运营者，都需要认真学习并掌握社群用户增长的裂变手段。

缺少社群裂变，社群用户增长就会局限在较低层级，很难扩大到传播层级之上。因此，社群裂变决定着社群用户增长的规模与程度，是社群运营者必须掌握的能力。想要学习社群用户增长的方法，首先要了解社群裂变这门技能，这也是社群用户增长的核心技能。

裂变是物理学中的概念，是指一个原子核经过轰击之后分裂出 2 个到多个原子的过程。在营销学中，裂变则变成了一种变化和增长的模式。而社群裂变就是指通过社群的方式来实现用户的快速增长。

当前，巨头公司占据着互联网流量入口，一切可以预见到的流量红利都已经消失殆尽。对于新入场和小规模运营者来说，想要从网络巨头手中获得用户流量，需要花费较高的推广成本。社群裂变作为一种用户增长的方法，相比于传统用户增长方法，具有明显的优势。

一方面，社群裂变可以通过老用户带来新用户，实现逐层逐级传播的效果。在做第一波传播营销时吸引一批新用户。当第一批新用户入群后，再去继续传播，吸引第二批新用户入群。由此，第二批用户还会继续传播，吸引第三批新用户入群。以此类推，从而实现用户裂变式增长。

另一方面，社群裂变可以显著降低用户增长成本。相比于其他渠道的高额成本，社群裂变的成本是相对较低的。一般来说，社群裂变成本主要包括工具成本、活动奖励成本和人力成本。其中，活动奖励成本的变动很大，如果拥有一定资源的话，可以利用信息不对称来实现零成本裂变。当前较为常见的活动奖励主要有积分、优惠券和卡券等虚拟物品，此外，现金与实物奖励也是一种较为常见的活动奖励方式。

一个完整的社群裂变流程包括用户裂变、用户参与和运营操作三个核心环节。

1.用户裂变

用户裂变主要是指在社群裂变过程中用户与用户之间传播的路径，即从第一个用户传播到第二个、第三个用户，然后第二个用户又传播给第四个、第五个用户，第三个用户则传播给第六个、第七个用户……由此实现用户裂变流程。

2.用户参与

用户参与则主要是指单个用户参与社群裂变的完整流程。以微信公众号社群为例，一个较为常见的用户参与流程为：用户看到微信公众号海报产生兴趣→通过扫描海报上的二维码加入社群→收到社群欢迎语和转发任务→完成转发任务→将内容回复给社群运营者→收到审核通过消息。

3.运营操作

运营操作环节是指运营人员操作社群裂变的全流程，这是社群裂变的中心环节。一般来说，这个环节从社群裂变方案策划开始，经过社群裂变海报设计，社群沟通话语准备，活动策划和活动推广，最后依靠数据监控来查看社群裂变的效果。

在社群裂变的整个环节中，用户增长和用户参与是基础环节，而运营操作是核心环节。在介绍运营操作流程之前，我们首先需要掌握用户增长和用户参与环节的内容。下面，我们主要介绍一些用户增长和用户参与的常见策略（图8-3）。

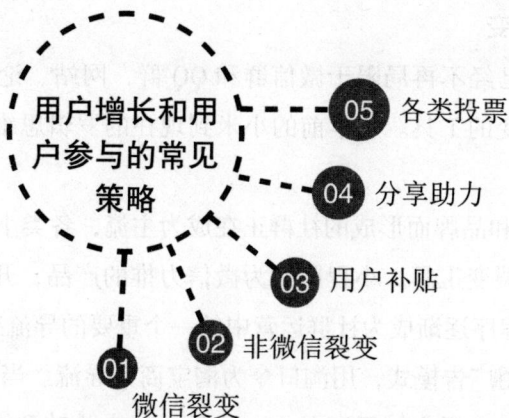

图 8-3 用户增长和用户参与的常见策略

1）微信裂变

微信作为一种重要的社群裂变工具，是社群用户运营策略的首选。对于社群运营高手来说，通过微信实现社群用户裂变是轻而易举的事情，通过微信实现零成本涨粉的案例也比比皆是。

微信裂变的核心机制主要有两个：一个是设置诱饵，一个是设置门槛。运营者首先要为目标用户设置一些超出预期的奖励，这些奖励包括免费课程、免费资料、实物奖励等。而一个用户如果想要获得奖励，就必须邀请更多新用户参与到这个活动之中，由此来将活动传播出去，并实现用户增长和用户参与。

随着用户参与次数的增加，活动的新鲜度会逐渐下降，传播力和影响力也会逐渐减弱，裂变效果就会出现下降。因此，社群裂变活动要适可而止，且在开展之前就需要有一个明确的目标和计划。

在设置微信裂变的两个核心机制时，需要讲求一定的方法，达到一种自然的平衡。简单来说，如果运营者将奖励设置得过小，门槛设置得过高，那么就很难吸引用户参与；而如果将奖励设置得过大，门槛设置得过低，又会吸引过多非目标用户参与，抢占目标用户的名额。

因此，在设置这两个核心机制时，需要保持一定的平衡，既要做到奖励能够吸引用户，又要做到门槛不会过高或过低。

2）非微信裂变

社群裂变早已经不再局限于微信群和 QQ 群，网站、论坛、各类 APP 都可以成为社群裂变的工具。从早前的小米到现在的罗辑思维，社群裂变变得越来越多样化。

围绕着 KOL 和品牌而形成的社群正在成为主流，各类小程序和 APP 则成为了新一代社群裂变工具。小程序作为微信力推的产品，开放了许多接口和权限，这使得小程序逐渐成为社群运营中的一个重要的导流工具。

群玩助手采用广告模式，用淘口令为淘宝商家导流。当用户点击按钮后，会自动复制口令，在用户打开淘宝 APP 之后，就会跳转到指定的商家页面领取优惠券。这正是一种实现社群裂变的重要方式。

3）用户补贴

用户补贴可以说是一种长盛不衰的用户增长策略。无论是支付宝和微信的红包大战，还是滴滴与快滴的补贴大战，抑或是共享单车之间的烧钱大战，以钱换用户的方法似乎在哪个时代都不会过时。但实际上，不同的烧钱策略，在效果上也是有所不同的。

在内容领域中，今日头条硬是在流量本就所剩无几的情况下，通过智能推荐和补贴作者的方式，从百度、新浪和微信手中获得了大量用户流量。而在自媒体领域中，在百度、阿里巴巴和腾讯的包围之中，趣头条却实现了用户快速增长，其中一个重要原因正是用户补贴。

趣头条采用"读新闻就能赚钱"的方式，鼓励用户完成任务得红包，同时还采用一种类似分销的机制，鼓励老用户去邀请新用户注册。在邀请新用户注册的同时能够获得红包，而新用户在使用趣头条过程中获得的奖励，老用户也都能获得分成。正是这种不断加码的用户补贴，让趣头条实现了用户的裂变式增长。

4）分享助力

这种社群裂变方式在很早之前便已经出现，在出现一段时间后逐渐陷入低迷，到现在效果已经大不如前。但借助 H5、小程序等新工具的出现，很多分享助力活动又重新出现在用户视野中，最为常见的一个就是春节期间的助力抢火车票。

用户通过分享助力可以获得奖励，无论是分享者还是被分享者，都可以获得相应的优惠。正是这种双向的奖励，促使着越来越多的用户参与到分享助力活动之中。

5. 各类投票

通过投票实现社群裂变是一种成本较低，但效果较好的方式。相比于其他社群裂变方式，投票能够吸引用户更加主动地去转发参与，相对来说，会为运营者节省出不少时间。而在众多投票活动中，萌物萌宝投票无疑是最为常见、最受欢迎，也是效果最为显著的一个投票活动。

虽然投票的成本较低，效果较好，但随着投票活动的火热，花钱刷票的现象开始层出不穷，这也为社群裂变增加了很多不确定性。如果运营者不能很好地把控运营环节，就很难让社群用户实现真正增长。

从上面的介绍可以看出，虽说所有的社群裂变活动都存在共性，但真正想要实现社群裂变，却需要从这些共性中寻找个性，并结合自身社群的实际情况，在此基础上再去设计社群裂变方案。

即使同样是通过分享助力活动实现社群裂变，不同的运营者也会玩出不同的花样。真正优秀的社群运营者应该走在社群营销的最前端，而那些细分的垂直领域的运营者则一定要走在行业的最前沿。用户见多了同一种活动策略，自然会觉得了然无趣，只有寻找到自己独特的社群裂变策略，才能真正达到社群裂变的效果。

社群运营的常见问题

那些运营成功的社群，都是挖掘出了社群成员真正的需求，并满足了其需求的优质社群。只有成功挖掘出社群成员的需求后，才能清楚社群的定位，激发成员的共性。社群成员共性的激发，能让社群成员释放出背后的能量，这样在满足社群需求的同时，还能让成员奉献出能量，最后通过社群文化留住社群成员，并激发他们主动邀约具有同样文化喜好及价值认知的好友加入，从而形成良性的循环。

在运营社群过程中，我们常常会遇到以下几个问题。

1. 怎样有效地运营社群？

首先，社群运营过程中对社群要设置门槛，这样对社群的质量会有所保障，必要时还要设立群规，因为一个好的群规能够保证快速建立起质量比较高的群。当社群发展到一定阶段后，要将成员按照贡献与影响力的不同，划分为不同的层级，这种身份认同感会让一部分人对社群产生更加强烈的认同感及归属感，同时将他们与大部分旁观者、投机者或随机性成员区分开来，最终形成社群的核心力量。

当然，社群运营时，还需要一定的管理和奖惩机制。好的社群有四个标准，即群规明确、主题鲜明、人群精准、定期组织线上线下活动。尤其是线下活动，保持一个社群活跃度最好的方式就是互动，而线下互动更能促进社群关系发展。

像闺蜜圈社群，这个群的成员超过了 20 万，成员数量可谓庞大，它靠的就是线下活动来维护这么大量级的粉丝群体。开始时，他们做的都是一些大型活动，然后开始逐渐分散线下小型深度聚会沙龙。社群的线下活动不要求规模有多大，也不要求参与的人数有多多，主要是看线下活动的深度是否够。只有有深度的主题性线下活动，才能切实帮助社群成员解决问题或是后续产生深远的影响。

2.社群如何变现？

社群的三大核心功能是兴趣聚焦、沟通协作与商业变现。在聚集、沉淀用户的基础上，通过创新的沟通模式和协作模式，不断去激活用户的参与度、连接度和信任度，从而盘活粉丝经济和分享经济，这是社群变现的基本模式。

社群价值变现一般分为平台渠道价值和产业生态价值链两大层面。社群的平台渠道价值主要体现在传统、导流、公关、交互这四个方面，具体变现方法有广告变现、电商导流、品牌包装、口碑营销等。从产业生态价值链来看，社群的运营可以低成本、高效率地实现行业资源的整合，从而打通产业链的上下游，实现从资源供应链、渠道方、竞合方到用户市场的多层级整合。

像微信社群的变现模式，主要有直接变现和间接变现两种。直接变现模式就是：像一些付费微信群，在群里可以开展线上收费讲座或者组织其他的收费活动，比如拍卖、卖课程、做产品等。

微信群的间接变现模式就是：把社群当作一个媒体平台，用来维护粉丝的关系，由此产生间接利益。比如建立一个社群后，在群里结识了很多同行，从而扩大了自己的人脉圈，它产生的就不是直接收益，而主要是间接变现收益。

3.怎样激发社群的群体智慧？

社群的每个成员都有自己的能量，怎样才能激发出他们的能量？这就需要社群运营者制定出一套成员贡献智慧的判断标准和奖励回报机制。如果社群能够吸引成员去贡献，然后展现出其智慧并转化为成果，之后在社群内进行推广，表现出对成员智慧的认可和尊重，这样就能激发成员的群体智慧。

激发成员群体智慧的具体形式包括悬赏式的解决方案、征集或奖励式的主动价值奉献、成员之间的能量共享等。此外，对社群成员劳动成果的尊重不能只停留在一次活动或一件事情上，应该不断对用户价值进行区别并记录下来，最后可以转化为积分、等级等形式，去鼓励成员的创新与奉献。只有做到这些，才能让成员自动成为社群的拥护者和分享者。

4. 如何维持一个品牌的社群活跃度？

在商业市场上，不是每个品牌都能拥有大量忠实的粉丝，能够人格化的品牌毕竟有限。从现实角度来讲，我们可以用利益去提升用户的活跃度，即有效地解决用户信息的真实性与传播效果。用利益作为驱动，是最简单粗暴的一项操作。

社群化销售体系最直接的方式就是把部分利润分配给每一个小社群，即建立一个分布式中心化社群 KOL 群体，通过利益共享的方式去刺激每一个社群成员的活跃度。

5. 社群运营时要注意些什么？

社群的核心价值在于累积社群资本。社群资本，也被称为声誉经济学（因在互联网上积累的良好声誉而带来的经济效益）。人们可以以该声誉为基础进行各种对双方有益的价值交换，不过，不一定总是采取金钱交易的形式。

声誉经济学从根本上改变了价值定价的模式。这种互利的、非货币性的价值交换，比以赚钱为目的的交易更有意义，更能让人接受。这恰好就是一个社群健康发展下去的基础。

人们之所以加入社群，就是因为社群强化了其身份认同感；人们之所以愿意留在同一个社群，就是因为成员之间一直在互动。因此一个好的社群会引导成员之间主动进行交流。人们开始加入社群可能是因为群主的魅力，但他们选择留下来则是因为成员间彼此已经成为朋友或合作伙伴。

此外，组建一个社群不应该出于短期的利益，人们更愿意为了实现共同宏大的愿景而加入社群。所以你的社群必须要有明确而远大的使命宣言；要重视社群的初期建设，精选早期的成员，从少数人身上提炼出强大的价值，而不是从多数人身上提炼出微弱的价值。很多社群的快速消亡就是因为贪多求快，始乱终弃。

6.社群运营的判断标准是什么？

社群运营的成败与否需要有一个判断的标准，这个标准分为质和量两个维度。

质指的是品质，也就是社群成员对社群文化的认可度、对于社群的黏合度，以及社群成员的转化效率。其具体体现在：在活动方面，社群成员有没有认可并参加社群的活动？还期望参加后续的活动吗？在展现方面，个人有没有机会展现智慧和价值？在回报方面，那些付出了时间和精力的社群成员，有没有得到了期望甚至是超越期望的回报？

量指的是数量，也就是社群活跃的程度及社群持续产生信息的能力。其具体体现在：社群的总体数量、社群新增会员的数量和速度、社群活跃会员的数量，以及日活跃会员、周活跃会员、月活跃会员在整个目标群体中的比例，平均每个社群成员创造的信息数量，社群内沉淀的有价值的内容数量。

除此之外，对于社群运营来说，最关键的判断指标还在于成员时间。这里的时间不是指成员泡在社群里的时间，而是会员因为社群所花掉的时间，因为这直接代表了社群对成员的影响程度。

第九章　5G 时代的社群变现

社群品牌价值创造

　　用户增长的过程就是运营者打造社群品牌的过程。伴随着用户不断增长，社群的品牌也开始逐渐形成，只不过因为缺少必要的运作手段，社群的品牌还没有形成足够的影响力和传播力。那么社群要怎样形成足够的品牌影响力和传播力呢？答案很简单，创造社群品牌价值。

　　社群品牌价值创造是一个中心环节，这个中心环节的前一阶段是用户增长，后一阶段则是价值变现。想要了解社群品牌价值的创造，我们还需要回归到社群价值定位上，只有搞清楚这一问题，才能真正理解和做好社群品牌价值的创造。

　　社群的价值定位问题是社群运营中最为重要的问题，只有搞清楚这一点，才能向下开展社群运营工作。那么建立一个社群到底有哪些方面的价值呢？我们可以从两个方面去思考，首先是从运营者角度去思考为什么要建立这个社群，其次是从社群成员角度去思考为什么要加入这个社群。

　　从运营者角度来看，人们之所以建立社群，可能是为了开展群体活动，满足个人心理或实现商业变现等目的；而从社群成员角度来看，人们加入社群可能是为了获得独特内容、扩展人脉资源或满足特定需求等。

　　由上可见，在社群成员这个角度上，获取独特内容和扩展人脉资源其实也可以归结到满足特定需求上。社群成员加入社群的目的就是为了满足自身的特定需求，而从这里我们再回到运营者的角度，就可以得出这样的结论：每个社群运营者在建立社群时，都需要考虑自己的社群是否能够满足社群成员们的特定需求，也就是说建立的这个社群能够为社群成员提供什么价值。

　　因此，社群的价值定位应该立足于满足社群成员的价值需求上，通过为社群成员提供价值来建立起彼此之间的信任。一些知识分享类社群的运营者可以立足于细分领域中，经常为社群成员分享一些专业知识内容，这样社群成员就会逐渐被知识内容所吸引。而如果运营者分享的这些知识内容足够独特，则会形成自己的知识分享品牌。罗辑思维就是其中最为典型的例子。

通过知识分享这一行为，运营者还会与社群成员间逐渐建立起信任。社群成员认为运营者的知识内容可以帮到自己，这样就会心甘情愿去介绍朋友加入社群。新用户在老用户的带动下加入社群，进一步扩大了社群的品牌价值。越来越多用户的加入，会让社群品牌价值的传播力和影响力变得更大。

十点读书每天为用户推送一篇文章，这种方式满足了那些不想读书但却想要了解其中内容的读者的需要。每晚10点推送一篇文章，可以让用户免费阅读，而且这一时间安排正好照应了十点读书这一品牌。

现在以十点读书为核心，十点文化传播有限公司的业务范围覆盖到了文学、电影、时尚、教育、出版、书店等多个领域。这正是社群品牌价值的具象化表现，也是大多数社群运营者所追求的目标。

除了十点读书外，还有短视频群英汇、樊登读书会等，这些社群都已经形成了自己的品牌。而在研究社群品牌价值创造时，从这些社群品牌着手分析，往往能够更好地了解社群品牌创造的整个流程。

社群运营者在打造社群品牌的时候，最好能形成差异化的内容。通过社群裂变实现用户增长是必要的，在此基础上需要去做的，就是打造用户认可的品牌。打造社群品牌价值的方法如图9-1所示。

图9-1　打造社群品牌价值的方法

1.从社群自身入手

从社群自身入手就是说要从一些具象化的社群内容着手，简单来说，包括社群名称、社群 Logo 和社群规范等方面的内容。

1）社群名称

很多运营者认为相比于社群运营策略，社群名称并不那么重要。但实际上，在社群品牌价值创造过程中，社群名称是运营者需要首先注意的一个内容。

一般来说，运营者在创制社群名称的时候，需要遵循三个原则：简单、易传播、少用生僻字。一些运营者为了凸显自己的社群，特意在社群名称中加入一些大家都不熟悉的汉字。这种方法不仅无法起到预期的效果，而且也不利于社群品牌的传播。试想如果用户连你的社群名称都不认识，又怎么会主动去传播呢？

此外，社群名称在创制时，一定要加上与社群定位相对应的内容。如前面提到的短视频群英汇，很显然，这是一个与短视频有关的社群；如果是桃桃淘电影这样的名称，显而易见就是与电影相关的社群。所以说，在创制社群名称时，加入与社群定位相对应的内容，能够更好地让用户认识社群并了解社群。

最后，在创制社群名称时还可以加入社群相关的人物信息。比如说樊登读书会和凯叔讲故事这样的社群，不仅表明了社群的内容定位，还突出了意见领袖。

2）社群 Logo

社群 Logo 也是社群品牌价值创造的一个重要环节。这一点主要是从社群品牌的传播性方面考虑，社群 Logo 可以作为社群名称的一个补充。

当社群发展到一定规模后，想要通过复制社群实现规模扩大时，就会用到社群 Logo。当社群想要进行更多层级的细分时，也可以为不同较低层级的社群设计不同的社群 Logo，这些社群 Logo 要与总的社群 Logo 保持同一风格。此外，社群 Logo 还可以用在社群线下活动时的胸牌、卡片和服装设计上，这样能形成一个立体全面的品牌形象传播体系。

3）社群规范

有关社群规范的具体内容，我们在前面已经提到了很多次。一个优秀的社群必须要拥有属于自己的管理规范，而独特的社群规范也将会作为社群品牌价值的一个部分得到传播。

2.从社群外部入手

除了从社群自身入手创造社群品牌价值外，运营者还可以从社群外部入手，去提升社群品牌的价值。简单来说，主要的方法有以下几种。

1）吸引优秀人才加入社群

一个社群中优秀的人越多，这个社群的价值就会越大。想要吸引这些优秀的人加入社群中，就要尽可能去满足这些人才的需求。

优秀人才加入社群的动机有很多，针对特定的情况要特殊分析。有的人可能是受到社群帮助，希望反哺社群；有的人可能想要在社群中进行资源置换、互通有无；有的人则想要从社群中结交同行业的人，扩展人际网络。运营者应该有针对性地去满足优秀人才的这些需求，进而吸引其加入，增加其对社群的黏性。

2）增加社群内容的曝光

明星们需要曝光，社群品牌同样需要曝光。运营者想要打造社群品牌，就要让社群的优质内容不断曝光。

社群优质内容不断曝光，可以降低用户对社群的认知成本，同时还可以为社群吸引更多用户加入。这是社群运营的一个重要环节，也是社群品牌价值创造的一个必要内容。

3）通过线下活动扩大影响

当社群发展到一定规模时，运营者需要通过线下活动来扩大社群影响，塑造社群品牌形象。相比于线上活动，线下的活动更能让社群成员感觉到真实感，同时还能促进社群成员间的情感交流，增强彼此间的互动性。

无论是企业运营者，还是个人运营者，都需要在社群品牌价值创造上下功夫。从企业的角度来说，社群品牌就是企业品牌，做好社群品牌是打造企业品牌的重要部分；从个人角度来说，社群品牌价值创造的成功，也是运营者实现商业变现的一个前提，只有拥有了品牌价值，才能实现商业变现。

社群的商业变现

做社群并不是在做慈善，运营者需要通过商业变现来收获价值。但这种社群的商业变现必须要建立在社群拥有品牌价值，并能不断满足社群成员需求的基础之上。

社群成员既然对社群内容有需求，就说明他们对社群内容具有购买欲望和付费意愿。由此，我们可以总结出两种简单的社群需求变现方式。

一种是直接向社群成员收费。既然社群成员存在需求，社群又能够满足这样的需求，那么社群成员就可以直接向社群运营者交费。这样一来，既满足了成员自身需求，运营者又能因此获得价值变现。

另一种则是社群成员并不向群运营者直接交费，而是由其他人代为缴费，较为常见的例子就是广告。社群运营者免费满足社群成员的需求，在这个过程中，向社群成员传播广告内容，向广告商收钱。

不论是采取何种变现方式，都离不开社群品牌价值和社群成员需求实现这两点内容。一个社群如果做不到这两点，那么采取再多变现方法，也很难实现真正的价值变现。

在前面的章节中，我们已经介绍了社群品牌价值和社群成员需求实现两方面的内容。在这里，我们主要介绍社群的商业变现方式。

如前所述，社群品牌价值和社群成员需求实现与社群商业变现之间是本与末的关系。运营者在社群运营时，切不可舍本逐末盲目追求商业变现，而忽略了前面两点内容。

社群商业变现的方式有很多，前面提到的是最为常见的两种方式。按照不同的划分方式，社群商业变现可以分成许多不同的类型。下面我们主要从社群自身变现、社群内容变现和社群合作变现三个方面来介绍一下其中的具体内容（图9-2）。

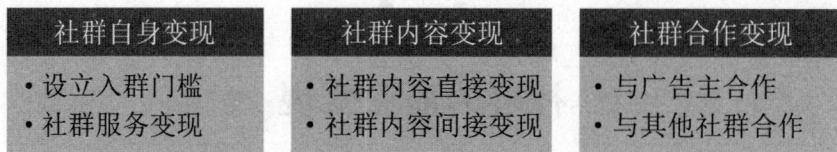

社群自身变现	社群内容变现	社群合作变现
• 设立入群门槛 • 社群服务变现	• 社群内容直接变现 • 社群内容间接变现	• 与广告主合作 • 与其他社群合作

图 9-2　社群商业变现的类型

1.社群自身变现

社群自身变现主要是围绕社群自身实现商业价值变现，包括社群服务变现及设立入群门槛等方式。

1）设立入群门槛

设立入群门槛不仅是一种筛选用户的重要手段，而且是一种社群变现的重要手段。当然，相对于变现来说，其筛选用户的作用更为明显。在当前主流社群之中，有一些采用付费入群的社群，但其付费往往是一种筛选手段，而并不是一种变现手段。

大多数运营者在设立付费门槛时会仔细考量，一方面考量目标用户的承受能力，另一方面则会考虑社群的内容是否足够有价值。综合这两方面，运营者会得出一个较为合理的付费入群价格，一般来说，这个价格不会过高。也正因此，这种方式很难成为一种长效的价值变现手段。

2）社群服务变现

从本质上来讲，社群服务变现主要是运营者为社群成员提供更加优质、更加有效的价值输出，鉴于此，运营者可以采用收取会员费的方式实现价值变现。

如果要强行归类，会员费也属于一种付费门槛。但相比于一般的付费门槛，这里提到的会员费，更多是运营者为社群成员提供专属的社群增值服务所需要的费用。从这一角度来讲，会员费要比付费入群更适合成为社群的主要变现方式。

除了价值变现外，收取会员费同样可以起到用户管理的目的。如果说付费人群是为了筛选目标用户的话，那么收取会员费就是将社群中最活跃和最有归属感的社群成员聚拢在一起，从而形成一个忠实的社群成员群体，进而增强社群成员间的互动和黏性。

在使用收取会员费作为变现手段时，运营者需要清楚，在交纳会员费的过程中，社群成员与社群之间的情感链接会相对减弱。这是因为这些交费的社群成员变成了社群服务的购买者，"顾客就是上帝"的心理开始逐渐影响他们。因此，运营者需要采取必要的措施来强化交费成员对社群的情感依赖。

2.社群内容变现

社群内容变现不同于社群自身变现，其可分为社群内容直接变现和社群内容间接变现两个方面。

1）社群内容直接变现

相比于一般的社群内容，优质社群内容的价值更高，也更容易吸引社群成员关注。因此，依靠优质社群内容输出实现价值变现，也是一种重要的社群变现方式。

直接的内容变现包括很多不同类型，一般来说，常见的社群内容直接变现包括课程售卖、专栏订阅等。当前最为火热的知识付费就是一种知识内容直接变现的方式。

知乎、得到和十点读书等知识类社群都有订阅专栏，社群成员可以通过付费方式订阅自己喜欢的专栏内容，运营者则以此获得收益。

在大多数自媒体社群中，较为流行的一种变现方式就是社群课程售卖。从工资月入过万课程，到PPT大师精讲课程，从不工作实现财富自由课程，到宝妈育儿课程，不同类型的社群，售卖的课程也会有所不同。大多数课程都是采用线上授课的方式进行，可能以年为周期，也可能以月为周期，还可能就只有几节课。

由于是针对特定人群进行的课程培训，又采用周期性的付费方式，通过课程售卖实现社群价值变现已成为较为火热的一种社群变现方式。

2）社群内容间接变现

相比于直接的内容变现，间接内容变现并不算主流的社群变现方式。但从近期的社群营销趋势来看，这种间接的内容变现方式也为社群变现提供了更多可能。间接内容变现主要包括内容打赏和社群周边变现等方式。

简书最初作为一个 UGC 内容平台，在吸引了一定受众之后，开始逐渐形成自己的社群。为了更多地吸引不同类别的创作者，简书推出内容打赏功能，一方面帮助内容创作者实现内容变现，另一方面也帮助自己实现价值变现。

社群成员可以在简书 APP 中创作和分享文章，其他社群成员如果对文章感兴趣，则可以通过用户打赏功能来打赏创作者。在简书 APP 上拥有充值和提现的入口，当用户打赏满 100 元时，社群成员可以通过提现来获得收益，而在这个过程中，简书会收取 5% 的费用，从而实现自身的社群变现。

除了内容打赏，社群周边变现也是一种重要的价值变现方式。最为明显的例子就是读书类社群销售图书、美妆类社群销售美妆等。此外，一些社群与著名品牌合作推出周边产品，向社群成员出售，也是一种社群内容的间接变现。严格来说这也属于一种合作变现的方式。

3.社群合作变现

社群合作变现同样可以分成两个不同的方面：一方面是社群与其他行业内企业的合作，另一方面则是社群与社群的合作。

1）与广告主合作

社群与其他行业内企业合作时最主要的价值变现方式就是社群广告变现，也可以称为社群流量变现。运营者可以通过收取广告费的方式来帮助合作者在社群中传播广告内容，或销售相关产品。

对于运营者来说，在使用广告变现这种方式时，一定不能过于频繁地在社群中发布广告。与社群主题无关的广告会严重影响社群成员的体验感，即使与社群主题有关，过多的广告内容也会引起社群成员的反感。

2）与其他社群合作

社群与社群合作的主要价值变现方式有资源互换、粉丝互推、产品合作。

同样是做职场培训类社群的运营者，可以进行联合推广，或者跟其他社群合作互推，促进粉丝数量增长。

在与其他社群合作时，运营者应该有自己的原则和底线，一方面要注意不要对对方社群造成不好的影响，另一方面也要维护好自身社群的利益。

在选择社群变现方式时，运营者可以不局限于单一方式，如果条件允许，运营者大可以采取多种变现方式相互结合。在思考社群变现方式时，运营者应该从多维度进行考虑，如果得不出明确结论，可以选择在小范围内先尝试一下，然后再确定哪种变现方式适合自身社群。根据社群实际情况去分析，才能找到最适合自身的社群变现方式。

社群变现过程中的关键要素

社群变现的方式多种多样，可以像罗辑思维那样招收付费会员，可以像理财社群一样售卖课程，也可以从社群成员手中收钱，还可以从广告商手中收钱。

听上去，社群运营者似乎可以轻轻松松实现价值变现，但实际上，变现方法虽然多样，可操作起来却并没有那么简单。社群在发展过程中会遇到很多不确定的因素，价值变现也处在这种不确定因素之中。运营者需要不断去尝试、调整，选择出与自身社群相适应的变现方式。

在社群变现过程中，大多数运营者将重点放在了变现方式的选择上，更多时候却忽略了对社群变现过程的关注。还有的社群运营者在社群建立不久，就进行了第一次价值变现，虽然成功了，但在持续变现上却出现了问题。

对于持续变现困难的状况，一些运营者将原因归结在缺少流量、社群规模不够大方面。但实际上，真正的问题并不在这里，而是在于在社群整个变现过程之中运营者忽略了一些关键要素。正是这些关键要素的缺失，导致了社群持续变现的失败。

举一个简单的例子。一些运营者在用户很活跃的时间点，在社群中接入了广告业务。运营者虽然没有粗暴强硬地植入广告，强制社群用户参与品牌活动，却直接影响了社群成员的体验感。

结果很明显，社群成员对这种行为非常反感，有的要求运营者撤除广告，有的要求退出社群。但对于运营者来说，接入广告是一种社群价值变现的方式，如果撤除广告，价值变现就会失败。所以很少有运营者会放弃广告业务，这样一来社群变现就会进入到瓶颈之中。

为什么会出现这种情况？原因正如前面所说，是运营者忽略了社群变现过程中的关键要素。

社群变现很神秘，不仅在于其过程中会产生很多意外惊喜，更是因为其中会涉及很多问题。社群变现的过程并不是仅仅依靠人数多就可以实现的，在整个过程中，运营者需要注意一些关键要素。一般来说，社群变现过程中的关键要素主要有以下几点（图9-3）。

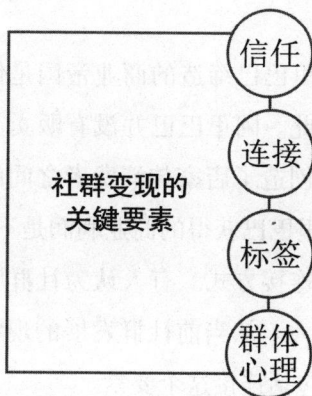

图9-3　社群变现的关键要素

1.信任

社群的出现让更多人突破了时间和空间的界限，找到了能够与自己一同"玩耍"的伙伴。技术的发展让每一个个体相互连接成为可能，同时也让信息扩散的速度大幅提高。在社群中，每一个个体的声音都可能被放大，并被传播到很远很广的地方。

在社群变现过程中，社群成员正是基于信任才会购买社群产品，也正是基于信任才会将社群产品信息对外传播。基于这种信任的情感纽带，社群变现才能持续稳定地进行。

真正有头脑的运营者会很注重社群信任的营造，同时也知道社群口碑传播的力量。他会让这种信任成为社群价值变现过程中的重要一环。哪个社群能够建立起信任，哪个社群的商业价值就越大。

这一要素并不难理解。如果社群成员对社群缺少信任，不要说价值变现，就连正常的社群运营工作都会难以展开。而从第一次社群变现开始到持久的社群变现，信任要素始终是不可或缺的。

2.连接

连接这个词并不是社群所专属的。自互联网诞生之日起，连接这个词就应运而生。在商业市场中，将这个词与任何一种商业模式相结合，都能为企业带来足够多的商业利润。

这一点很好理解。阿里巴巴缔造的商业帝国是依靠贩卖产品吗？看上去是这样，实际上却并非如此。阿里巴巴并没有贩卖产品，贩卖产品的是那些淘宝店家。阿里巴巴只是创造了店家与消费者之间的连接，仅此而已。而相比于贩卖产品的店家，阿里巴巴获得的商业利润是不可计数的。

社群也是一种典型的连接方式。有人认为社群所连接的是顶层的优质资源和对资源感兴趣的所有人。从当前社群发展的现状来看，确实如此。我们所说的社群思维，其中就包括连接这个要素。

用什么来连接社群成员？这是运营者需要考虑的问题。无论是共同爱好，还是共同的价值观，运营者必须要找到一种能够连接社群成员的东西。对于运营者来说，在社群建立前期，这种连接要素是不断吸引社群成员、稳固社群根基的关键。而在社群运营后期，想要将已有社群成员转化为核心成员，同样需要应用到连接要素，这个阶段运营者需要加强社群连接，在社群中建立起更为紧密的联系。

简单来说，一个社群在价值变现过程中，可以开展各种线上和线下活动。通过这些活动，不仅可以加强社群成员间的连接，同时还可以对接社群外部的各种资源，建立起新的连接。这些工作都将成为价值变现的准备工作，并为价值变现创造更多成功可能。

3.标签

在社交平台上，我们经常会被赋予各种标签——"90后""天蝎男""码农"等。可能没有多少人会去思考这些标签存在的意义，但对于做营销的人来说，了解这些标签的意义是十分有必要的。

标签可以说是从个人特质中抽离出来的，体现着一个人固有的特征。而借助互联网，那些拥有共同标签的人，会很容易集合在一起，从而形成一个圈子，或是一个社群。这样一来，不仅个人拥有标签，社群也会因此而拥有标签。

社群标签对价值变现有什么作用呢？其实很简单，社群标签会给社群成员赋予一种身份，会让社群成员感觉到获得认同。而且，一个更为重要的作用是，社群标签能够将不同的群体区分开来。在拥有社群标签后，社群成员会更愿意为社群身份标签支付相应费用，并由此与相关产品和服务产生联系，从而运营者便可以以此获得价值变现。

这一点很好理解。在果粉社群中销售苹果手机，显然要比销售华为手机更为明智。因为这些"果粉"用户都愿意为苹果手机买单，而不会为华为手机买单。在这之中，社群标签就在暗中发挥着重要作用。

4.群体心理

做社群运营，就不能不研究群体心理。在社群中一个显著的群体心理就是容易相互传染的冲动购买心理。勒庞在《乌合之众》中提到：个人在群体中，智力水平会出现下降，同时在心理上容易受到暗示影响，易冲动，并且在情感上会相互传染。

这些心理表现在社群成员的身上同样会出现。这种冲动情感的相互传染，在心理学上又被称为羊群效应。这种从众心理会让社群成员盲目跟从，而对于社群运营者来说，这一点在社群变现过程中是十分重要的。如果运营者能够抓住社群成员的这个心理特征，就能更好地实现社群价值变现。

在一个社群中，如果一个人愿意购买或宣传社群产品，慢慢地就会有更多人加入，加入的人数越多，社群变现就会越顺利。

除了上面提到的这些关键要素外，在社群变现过程中，还有很多其他的内容需要运营者去关注。比如：如何更好地实现变现的转化率？如何更好地引导社群流量聚集？如何更好地通过社交让社群变现持续下去？想要解决这些问题，依然需要运营者在实际的社群运营过程中不断探索。

　　社群价值变现作为社群运营的重要环节，决定着社群是否能够长久运营。当然，我们不否定非营利性社群的存在，但我们更多谈到的是营利性社群。对于运营者来说，盈利是社群运营的一个重要目标，想要达成这一目标，搞清楚社群价值变现是十分有必要的。

　　上面提到的这些要素，不仅是社群价值变现过程中的关键要素，而且是社群运营过程中的关键要素。在社群价值变现过程中，这些要素并不是相互独立存在的，很多时候它们彼此关联，并不容易区分。因此，实际运营中运营者也没必要将其区分得那么清楚，而是要从整体上去把握这些要素。

社群商业模式 ≠ 社群变现模式

　　在各大浏览器中搜索社群的商业模式，最先映入眼帘的就是社群的变现方式，翻阅下去会发现，大多数搜索结果都将社群商业模式和社群变现模式归为一谈。很显然，二者是完全不同的两个概念，并不能混为一谈。

　　关于社群变现的内容，在前面我们已经提到了很多。在这里我们主要详细介绍一下与社群商业模式相关的内容。

　　想要了解社群商业模式，我们首先需要了解一下商业模式的基本概念。

　　商业模式是一种统称，具体来说，不同的行业和企业会有不同的商业模式。现代管理学之父彼得·德鲁克曾说："当代企业之间的竞争，并不是针对产品的竞争，而是关于商业模式的竞争。"同样身为管理大师的克莱顿·克里斯坦森也曾说："企业基于低成本的竞争优势根本无法构成商业模式，想要获得真正的竞争力，迟早要转向对商业模式创新的关注。"

　　对于企业经营者来说，商业模式在一定程度上决定了企业的经营成败。而在社群运营中道理同样相同，社群的商业模式也在很大程度上决定着社群运营的成败。

　　之所以有些社群运营者会将商业模式与变现模式搞混，是因为大多数社群运营者对社群商业模式的概念认识不清，或者是只看到了商业模式之中的一个方面内容。对于社群运营者来说，搞懂社群商业模式要比搞懂社群变现模式更为重要。

　　马云曾说："我不懂互联网，我思考的只是商业模式。"在缔造了互联网帝国阿里巴巴之后，马云的这番话显得颇有意味。仔细来看，相比于马化腾和李彦宏等互联网技术者，曾经身为英语教师的马云确实可以说是不懂互联网的。从这里也可以看出，阿里巴巴的发展在很大程度上得益于商业模式的创新。

那么究竟什么是商业模式呢？在社群运营过程中，什么样的商业模式才是最适合运营者的呢？下面我们就来一一解答这些问题。

关于商业模式的定义，哈佛商学院的教授克莱顿·克里斯坦森曾经有过详细论述。他认为商业模式是一种创造和传递客户价值及公司价值的系统，其主要可以分成四个环节（图9-4）。

图9-4　商业模式的四个环节

客户定位：你能够为哪些客户创造价值？

盈利模式：给客户创造价值后如何将这些价值变现？

价值构建：依靠什么去为客户创造价值，并将这些价值变现？

价值实现：如何去实现前面提到的内容？

从这一定义可以看出，克里斯坦森教授是将商业模式看作了一个整体的系统概念。下面我们结合社群的一些内容，从上面四个环节出发，介绍一下社群商业模式的内容。

1.客户定位

社群运营中会涉及客户定位的问题。这里的客户定位指的是运营者对目标客户的定位，以及对客户精准需求的洞察。在这个环节中，社群运营者需要回答社群的目标用户是谁、社群在为谁创造价值、社群需要满足谁的需求等问题。

除了要考虑谁是社群的目标用户，还需要考虑为什么选择这些人作为社群的目标用户，也就是分析目标用户身上的特征。此外，运营者还需要考虑哪些人不是社群的目标用户，用什么方法能将这些人隔绝在社群之外。这些是社群运营初期的一些基本问题，同时也是寻找社群商业模式的基础。

在客户定位环节，运营者还需要思考社群运营的一些策略。比如，是否真正传达到目标受众那里？如果传达到了，具体效果如何？如果没传达到，出现问题的原因是什么？综合分析各种问题和结果，能够帮助运营者更好地寻找到社群的商业模式。

2.盈利模式

社群运营中的盈利模式与变现模式十分相似，这也是导致商业模式和变现模式被混淆的一个重要原因。在这个环节中，运营者主要是寻找社群的盈利方式，而在此之前，运营者需要明确社群为社群成员提供的价值、付出的成本等内容。

在寻找到一种盈利方式之后，还要思考是否拥有更好的盈利方式，是否可以将多种盈利方式组合在一起的问题。正如社群价值变现方式一样，在一个社群中，价值变现的方式并不是单一的。运营者既可以设置付费入群门槛，又可以在社群中接入广告，或在社群中售卖内容和产品。当然，前提是这些价值变现方式能够很好地组合在一起，不会因为过多的价值变现方式而为社群成员带来不好的体验。

在考虑盈利方式时，运营者需要对自己付出的成本了如指掌。不要因为过于追求满足社群成员的需求，而导致社群运营成本提升。如果不能有效控制社群运营成本，只是单纯依靠价值变现方式来盈利，就会让好的价值变现方式失去效果。

3.价值构建

价值构建主要是指战略定位和价值主张。在这个环节中，运营者需要寻找到社群成员的实际需求，以及社群能够为社群成员创造的价值。

商业模式中的价值构建环节正是社群运营中的社群定位环节。对于运营者来说，在社群创立之初，社群的目标和定位就应该明确下来。在此基础上，才能去寻找社群的目标成员，随后再去分析研究目标成员的特征，寻找到真正能够影响目标成员加入的方法。

4.价值实现

在对社群目标和客户目标拥有一个明确定位后，运营者需要了解社群需要具备怎样的能力来实现社群目标，以吸引更多用户加入；以及在价值变现过程中，运营者如何建立起长久有效的盈利机制。这些是运营者需要最终考虑的问题。

如果要简单理解商业模式，我们可以将其形容成"通过何种成本，采用什么方式，为谁提供什么产品或服务，来获得什么"。这一系列系统流程正是一种商业模式。仔细比对，这的确是社群运营过程中运营者需要弄懂的几个问题。而社群价值变现只是这个过程中的一个环节而已。

社群变现的收益更多直接指向的是金钱，而社群商业模式所指向的收益却不只是金钱。从社群运营全局来看，社群运营过程中的战略布局、用户获得和社群规模扩大都可以看作是社群商业模式的收益。

社群商业模式中产品和服务是核心，社群成员是基础。社群运营者需要通过产品和服务来为社群成员创造价值，并在为用户创造价值的过程中实现盈利。这就是一个完整的社群商业模式。

社群运营的整个过程也是社群商业模式的建构过程，每一个成功的社群都有属于自己的商业模式，而且这种商业模式在很多时候是不可复制的。看上去那些知识付费类社群的商业模式都大同小异，但实际在细节方面，这些社群的商业模式是千差万别的。

找到同行业成功社群商业模式之间的不同，有助于运营者在垂直领域的社群运营中获得优势。

从"米粉"社群看社群未来

在中国研究社群营销的人，无一例外都会将小米社群作为一个典型来进行研究。早在 2014 年，关于小米社群的研究就已经十分火热。直到现在，社群研究者们对小米社群的研究依然津津乐道。

难道这么长时间，大家还没有弄清楚小米社群的运营模式吗？事实并非如此，小米社群真正让人关注的地方实际在于其发展的趋势正代表着未来社群营销的发展趋势。单从这一点来看，对于小米社群的研究不会停止。研究者们需要挖得更深、更远，才能看到一些与未来相关的事情。

谈到小米社群的形成，在前面我们曾做过一些介绍，现在我们再来用一点篇幅回顾一下。

小米社群的形成是从 100 位核心用户开始的。最初，小米运营者从手机论坛中找到了 1000 名用户，并将这些用户一个个地邀请到小米自己的论坛之中。在这里，小米运营者要求他们将自己任意品牌手机的操作系统，替换成小米刚刚推出的操作系统。

并不是所有人都愿意进行这种尝试，所以，小米运营者又在这 1000 名用户中找到了 100 名用户。这些用户愿意将自己的操作系统替换成小米的操作系统，而这 100 名用户也成为了小米操作系统最初的测试人员。

这个时候小米社群已经开始形成，但这些社群成员还只是作为测试者参与其中。此后，小米运营团队开展了多种运营手段，正式开启了小米社群的运营之路。

在第一版小米手机问世的时候，这 100 名用户的名字被放在了开机页面里。没有将创始人头像放在开机页面，而将最初的核心用户放在开机页面中，这一点可以说是小米社群运营的高明之处。

此外，在小米三周年的时候，小米官方还专门为这 100 名核心用户拍摄了一部微电影，继续加码社群营销。

小米论坛成为了积累小米用户的主要基地，最初小米的 50 万社群成员正是通过线上论坛积累而来的。除了线上论坛外，小米还在线下开展同城会，其中包括粉丝自己组织的活动，以及小米官方组织的活动。小米的线下活动并不是直接指向产品销售，而是为了增加社群成员间的参与感。

提到参与感，这可以算是小米社群成功的一个最重要因素。小米社群的参与感一方面来自于其产品研发——一些核心用户可以参与其中，在测试阶段提供建议；另一方面则来自于大量的社群营销活动——无论是线上还是线下，小米运营者都十分注重通过社群营销活动提升社群成员的参与感，进而通过用户口碑打造小米品牌。

可以说，小米社群正是在这样的前提下建立起来的。在对小米社群定性时，有些人认为小米社群是典型的粉丝社群，有些人则认为小米社群是典型的产品社群。但实际上，小米社群看上去更像是一种生态社群。

生态社群这个概念当前并不常见，但从长远来看，这种类型的社群可能会成为市场上的主流社群。尤其是企业经营的社群，有可能会将这种社群类型列为企业的首要选择。

在商业市场中，生态链这个概念已经出现了很长时间，大多数巨头企业都在打造自己的生态体系。但大多数人都还只是在路上，当然，也有些人已经跌倒在了路上。从小米的经营路径来看，小米的生态链已经初见雏形。而从小米社群的发展来看，其社群发展也正在逐渐向着生态化的角度扩展。

在最初的小米社群中产品较为单一，小米手机是主要产品。而现在小米社群中，社群成员并不是单纯关注小米手机，其他小米产品体系中的单品同样可以吸引用户的关注。更多用户关注的并非是小米的单品，而是小米的整个产品体系。

　　小米的产品体系包括什么？这点可能连最资深的"米粉"也说不清楚。现在很多人都在嘲笑小米越来越像个杂货铺——一个卖手机的不仅投资智能手环，还投资了电饭锅、体脂秤和台灯。这些风马牛不相及的东西，在几年前人们怎么都无法将它联系到一起。

　　但当物联网概念横空出世，5G技术落地普及时，人们才发现，原来小米正在布局一盘大棋。所有这些小米产品都将通过小米设备连接在一起，共同构成环绕人们生活的产品生态链。很可能在不久的将来，人们的衣食住行用各个方面，都会出现小米产品的身影。

　　举一个简单的例子。在小米的产品体系中，很多单品在市场上并不具有显著优势，但无论从销量还是从市场认可度来看，这些产品的表现都十分出彩。

　　小米的一个智能手环，售价不足百元，且只有记录睡眠、卡路里和来电提醒功能。市场上同类产品既有功能更多的，也有售价更低的，但为何偏偏小米的智能手环能在一年中卖出1400多万只？

　　原因可能有很多，但最为重要的一点是，小米的智能手环可以与其他智能设备产生协同效应，因为它们共同处在小米产品的生态链体系之中。当用户佩戴小米手环时，不需要输入密码就能解锁自己的小米手机。在这个过程中，小米手环代替了指纹、刷脸等功能。

　　现在指纹和刷脸已经成为最为便捷的解锁手机方式。在一天之中，人们至少要打开手机几十次。即使指纹和刷脸解锁已经足够简化，在这种情况下也会显得颇为烦琐。现在小米手环具备了这个简单功能，让它与小米手机联系在一起，可能功能并没有那么惊艳，我们依然可以选择指纹或刷脸来解锁手机，但真正重要的是其中所产生的协同效应。

　　我们是否可以设想在不久的将来，通过小米手环，我们可以控制家中的电器设备，了解自己的身体状况，甚至操控自己的汽车。这些并不是幻想，很可能会变成现实。伴随着科技的进一步发展，小米的产品生态链将进一步完善。

　　除了产品会形成围绕人们的生态链，小米的社群也正在逐渐发展壮大，壮大到一种以产品为介质的生态化群体，越来越多的人将会加入到这个群体之中。他们之间之所以能够产生紧密的连接，是因为小米的产品生态链，以及社群运营策略在起作用。

这也就可以解释为什么小米在进行社群营销的时候不是专注于产品销售，而是更加注重社群成员参与感的营造。不可否认，在社群建立初期，小米社群中大多数是小米手机的拥护者，而到现在，小米社群成员所追捧的却不仅仅是小米手机这一款产品。

所以说小米公司是手机制造商这一说法并不准确，现在小米公司的定位是生态链公司，而相应地小米社群也正向着生态化趋势迈进。从社群发展的长远角度来看，生态化社群正是未来社群发展的一个重要方向和归途。